高校体育"学练赛评"教学模式研究

吕 宁 著

郑州大学出版社

图书在版编目(CIP)数据

高校体育"学练赛评"教学模式研究 / 吕宁著.

郑州：郑州大学出版社，2024. 12. —— ISBN 978-7

-5773-0818-0

Ⅰ．G807.4

中国国家版本馆 CIP 数据核字第 2024P9Z177 号

高校体育"学练赛评"教学模式研究
GAOXIAO TIYU "XUELIAN SAIPING" JIAOXUE MOSHI YANJIU

策划编辑	郜　毅	封面设计	王　微
责任编辑	吴　静	版式设计	苏永生
责任校对	郜　毅	责任监制	朱亚君

出版发行	郑州大学出版社	地　　址	郑州市大学路40号(450052)
出 版 人	卢纪富	网　　址	http://www.zzup.cn
经　　销	全国新华书店	发行电话	0371-66966070
印　　刷	郑州宁昌印务有限公司		
开　　本	710 mm×1 010 mm　1 / 16		
印　　张	15.5	字　　数	222 千字
版　　次	2024 年 12 月第 1 版	印　　次	2024 年 12 月第 1 次印刷

| 书　　号 | ISBN 978-7-5773-0818-0 | 定　　价 | 58.00 元 |

本书如有印装质量问题,请与本社联系调换。

前言

　　在当代高等教育体系中,体育教学不仅是培养学生身体素质的重要途径,更是塑造学生健全人格、培养团队合作精神和增强社会适应能力的关键环节。随着教育理念的不断更新和教学方法的创新,传统的体育教学模式正逐渐向更加科学、系统和多元的方向发展。其中,"学练赛评"模式作为一种新型的教学模式,受到高校广泛关注和实践探索。在高校体育教学中引入"学练赛评"模式,不仅能够激发学生的学习兴趣和参与热情,还能够培养学生的竞技意识和团队精神,提高学生的自我管理能力和自我评价能力。因此,对"学练赛评"模式进行深入探讨和研究,对于推动高校体育教学改革、提高体育教学质量具有重要的理论价值和实践意义。

　　基于此,本书以"高校体育'学练赛评'教学模式研究"为选题,在理论层面,深入审视了体育教学的目标与功能、内容与特点,同时探讨了教学原则与过程、组织与管理、教学评价、设计评价及实施,为"学练赛评"模式的推广提供坚实的理论支撑。在实践应用方面,特别强调"学练赛评"模式的构建与实施,从学习策略、练习方法、比赛激励到评价多元化与科学化,提供了具体可行的教学策略和方法,为教师提供了实用的教学参考。此外,本书还关注体育教师队伍的建设,并着眼于学生的全面发展,探讨了激发学生体育兴趣、体能的训练与培养和终身体育理念的培育及路径等方面的问题。

　　本书内容丰富、结构严谨，可作为高校体育教师的教学参考书，也可以作为体育教育研究者和教育工作者的研究资料。在行文中注重逻辑结构的清晰性和内容的系统性，以确保读者能够从中获得有益的启示和指导。期望本书的出版能够为高校体育教学改革提供新思路和新方法，推动"学练赛评"教学模式的广泛应用，促进学生体育素养的全面提升。

吕　宁

2024 年 7 月

目录

第一章

高校体育教学概述

第一节 高校体育教学的目标与功能

一、高校体育教学的目标

体育教学目标的设定是体育教学活动的核心,它承载着教育者和学习者共同的期望,是体育教学活动的出发点和归宿。这一目标的设定不仅决定了体育教学的方向,还对整个体育教学过程起着指导和调节作用。

(一)体育教学目标的特点

体育教学目标具有明确的特征:一方面,它要求能够清晰地阐述教学内容和方法,确保教师和学生都能明确知道"做什么"和"如何做"。这种明确性有助于教学活动的有序进行,增强学生的学习效果。另一方面,体育教学目标需要用特定的术语来描述学生经过教学后应能达到的具体结果,这种结果应具有可衡量性,以便对教学效果进行客观评价。

(二)体育教学目标的内容

"教学目标设计与教学内容的选定需要根据课程标准要求进行,同时也要确保最终呈现的效果符合并能够体现课程标准要求。"①在体育教学目标的内容中,核心目标是促进学生的全面发展与均衡成长。这一理念体现在多个维度上,展现出对学生运动参与、运动技能、身体健康、心理健康以及社会适应能力的全面培养。

(1)在运动参与层面。教育目标旨在塑造学生的基础运动能力,提升其在身体协调性、柔韧性、力量及耐力等多方面的表现力。更为关键的是,教育过程中强调激发学生对体育运动的热爱与兴趣,使其在参与过程中感受到运动的魅力与乐趣,从而形成对体育活动的长期热爱与坚持。

(2)在运动技能层面。运动技能的培养则是通过系统的教学与训练,使学生掌握从基础动作到高级技术、战术的全方位技能。教师设定具体的量化指标,引导学生通过实践不断检验和提升自身技能,如精确控制运球次数等,以明确学习目标为导向,不断提升学生的运动表现。

(3)在身体健康层面。教育目标不仅在于提高学生的身体素质,如力量、速度、耐力等,更在于引导学生了解身体健康的重要性,培养其健康的生活观念与习惯。通过科学的训练方法,结合合理的饮食、作息安排,为学生的身体健康打下坚实的基础。

(4)在心理健康层面。在体育教学中,注重培养学生的竞争意识与适应能力,教会他们如何面对压力与挑战,并学会从失败中汲取经验,从胜利中保持谦逊。这些经历不仅锻炼了学生的心理素质,更为其未来的成长与发展提供了宝贵的财富。

(5)在社会适应能力层面。体育教学强调团队合作与集体荣誉感。通过参与团队活动,学生将学会在团队中发挥自己的作用,与队友共同协作完成任务。同时,教育还注重培养学生的规则意识与道德品质,如公平竞争、尊重对手等,这些品质将为学生未来的社会生活奠定坚实的基础。

① 缪剑.初中体育教学目标及教学内容科学设计探究[J].读写算,2020(33):149.

(三)体育教学目标的作用

体育教学目标在大学体育教学中扮演着至关重要的角色,其作用不仅体现在教学活动的预期结果上,更在于对教学活动的调节和指导。确立合理的体育教学目标,对于实现体育课程的本质功能和满足社会对体育教育的价值期待具有决定性的影响。

(1)体育教学目标的确立,彰显了体育课程的本质功能。体育作为身心教育的重要组成部分,其课程目标的确定和内容的选择,反映了国家对人才体质健康的整体要求。这不仅仅是技术层面的问题,更是根据国家需求来规定教学内容,确保通过课程的实施来培养和教育学生。

(2)合理制定的体育教学目标是实现体育教学目的的保障。例如,通过设定具体的运动参与目标、运动技能目标和身体健康目标,可以确保学生在每节体育课中都能积极地学习体育知识和技能,掌握必要的运动技术,并增强安全意识。这些目标的达成,是实现体育教学目的的关键。

(3)体育教学目标在教学中的定位和指导作用不容忽视。目标的设定具有策略性,可以被观察、解释、量化和评估,确保教学活动有明确的方向。教学任务围绕体育教学内容展开,合理的教学目标不仅界定了教学范围,还为教学任务的有效实施提供了指导。

(4)体育教学目标的实现,需要教师和学生的共同努力。它为教师的教学工作明确了预期成果,使教师清楚教学的努力方向。在教学过程中,教师需要根据教学目标的实现情况,及时调整教学方法和内容。同时,学生在教师的指导下,也应改进学习方法,以适应教学目标的要求。

(5)体育教学目标是评估教学质量和纠正教学偏差的重要依据。通过教学评价,了解教学目标的实现程度,及时获取教学信息。通过不断的信息反馈,纠正教学活动的偏差,确保教与学的活动都紧密围绕教学目标的实现进行,从而提高教学效能。

二、高校体育教学的功能

在体育教学过程中,体育教学功能的体现是通过其固有的特性对学生施加积极影响,从而促进学生的发展。这种功能的实质是体育及其教学过程所具备的独特性,这些独特性是在其他学科中难以找到对等物的。体育教学功能的有效发挥,依赖于社会对体育教学价值的普遍认可与接受。缺乏这种广泛的认可,体育教学功能的发挥及其对学生产生的积极影响将无从谈起。

在历史的演变过程中,体育教学因其特有的功能和价值,逐渐在学校教育体系中占据了举足轻重的地位。社会对体育教学功能的肯定,不仅体现在对其重要性的普遍认识上,更体现在对体育教学功能的深入研究与实践中。随着教育改革的不断深化,人们对体育教学的认知也愈发全面和深入,这使得体育教学功能得以更充分地发挥,同时也为学生提供了更为广阔的发展空间。

随着教育理念的不断更新和教育实践的持续推进,体育教学在促进学生全面发展方面所发挥的作用愈发显著。体育教学不仅能够帮助学生增强体质、提升运动技能,更能够培养学生的团队协作意识、竞争意识以及自我管理能力等综合素养。因此,进一步发挥体育教学的功能,对于推动学生全面发展、提升教育质量具有重要意义。

高校体育教学的功能具体表现如下。

(一)愉悦学生身心

在体育教育的实践中,其核心目标集中在促进学生的身体活动,以维护和提升其身体健康和整体福祉。体育教学的实施,旨在通过有计划的身体练习,强化学生的生理功能和运动能力,确保学生的身体安全和健康。该过程不仅依赖于教师的专业引导,更强调学生在体育锻炼中的主动参与和自我驱动。

生物学原理"用进废退"为此提供了理论基础,阐释了身体机能在持续活动中的优化与在缺乏活动时的退化风险。鉴于当前学生面临的营养过剩和日益增长的学习压力,体育教育的角色变得尤为关键。适宜的身体锻炼不仅有助于调节能量平衡、预防肥胖等健康问题,同时也是学生释放压力、调节情绪的有效途径,对学生的心理健康具有积极影响。

体育教育的多功能性使其成为学生身体锻炼与心理调适的重要媒介,为学生提供了广泛的活动选择。在这一过程中,培养学生对体育活动的积极态度和兴趣是实现教学目标的关键。这种兴趣的激发能够提高学生的参与度,促使他们更加自觉地投身于体育学习之中,以达成身体和心理双重层面的健康目标。

为了实现这一目标,教师需采用多样化的教学策略,包括创新教学方法和互动式学习活动,以调动学生的体育热情。通过这些方法,学生能够在体育课堂中体验到运动的乐趣,认识到体育锻炼的益处,从而形成持久的体育活动习惯,为其终身健康奠定基础。教师的这种教学创新不仅能够提升学生的体育技能,还能够促进其情感、社交以及心理层面的发展,实现体育教育的全面价值。

(二)培养学生竞争意识

在人类社会的发展进程中,日常生活与竞技体育的相似性构成了一个不容忽视的现象。这种相似性揭示了人类在与自然、社会以及他人的互动中,通过不断的自我挑战与超越,实现个人与社会的共同成长。在这一过程中,竞争意识的培育与竞争能力的提升,被视为推动社会进步和实现个人价值的关键动力。社会成员被鼓励创造并参与到一个有利于竞争的环境,这不仅包括体育竞技场,也涵盖了日常生活和工作中的各种竞争场景。

竞技体育的参与者在竞赛中遵循规则和准则,这种规范化的行为对于塑造学生良好的品质和习惯具有积极作用。在体育竞技中形成的品质和习惯能够正向迁移到日常生活,成为被社会广泛认可的重要因素。在竞技体育中,胜者的成就受到赞赏,而败者的坚韧和勇气同样应得到尊重。这种胜不骄、败不馁的精神,是包括学生在内的所有社会成员应当追求和实践的。

体育运动的公平、公正、公开原则对于培养学生竞争意识、激发正当竞争具有重要作用。体育教学为学生提供了深入理解竞争本质的机会,教导他们在竞争中保持公平的态度,并寻求自我提升与超越。奥林匹克主义所倡导的理念是,强调身体、心理和精神的均衡发展,并通过奋斗体验乐趣、尊重伦理原则。这对学校教育具有深远的启示意义。

在学校体育教学中,竞技运动的引入为学生提供了丰富的竞争实践机会。通过参与竞技体育,学生能够体验竞争过程,学习如何在竞争中展现和超越自我。这种经验对学生的未来生活和职业发展具有重要影响。因此,加强学校体育教学中的竞技元素培养,对于增强学生的竞争意识和提升竞争能力至关重要。通过这种方式,学生不仅能够在体育领域内得到发展,还能够将在体育竞技中获得的经验和品质应用到生活中的其他领域,实现个人全面发展的目标。

(三)培养学生适应能力

随着当代社会竞争态势的加剧与竞争领域的广泛扩展,人们普遍面临着前所未有的生活与工作压力,深刻感受到"适者生存"这一法则的严峻性。对于即将步入社会的年轻一代,预先培育其社会适应能力,确保他们能在多变的社会环境中迅速定位并稳定立足,已成为教育领域的重要课题。

社会适应能力是一个多维度的概念,涵盖了身体、心理、情感及道德等多个层面。对于学生而言,这一能力的全面性至关重要。它不仅要求个体具备良好的身体素质,以应对快节奏生活的挑战;还需要有稳定的心理状态,以应对压力与挫折;同时,还需要拥有健康的情感表达和道德观念,以融入集体并为社会做出贡献。

在培养学生社会适应能力的众多途径中,体育教学占据着举足轻重的地位。体育教学以"以人为本"和素质教育为核心,旨在促进学生的全面发展。在现代教育理念的指导下,体育教学不仅关注学生的身体健康,还注重其心理成长、情感交流和道德品质的培养。通过多样化的体育活动和竞技实践,学生能够在互动与合作中锻炼身心,增强抗压能力,学会与人相处,进而提升整体的社会适应能力。因此,体育教学在促进学生健康成长与全面发展方面,具有不可替代的积极作用。

(四)改变与完善学生行为

体育教学在促进学生适应能力提升方面发挥着重要作用。通过参与体育活动,学生学习如何在规则约束下与他人互动,如何应对竞赛中的各种挑战,这些经验对于提高其适应社会的能力至关重要。体育教学的实施必须与社会需求和规范相协调,以确保体育教学活动和内容获得社会的广泛认可和接纳。

青少年时期是形成良好行为习惯的关键时期,参与体育活动不仅有助于学生适应社会规范,还有助于他们根据体育精神和道德标准调整个人行为。长期参与体育教学活动,学生逐渐将这些规则内化为自觉遵守的习惯,为他们将来成为社会中有责任感和守法意识的成员打下基础。

体育教学还具有开发学生智力的潜力。体育活动中的策略制定、技能学习和问题解决等均能激发学生的思维能力,促进学生的智力发展。这种身心并重的教育方式,使学生在体育活动中不仅锻炼了身体,也锻炼了心智,培养了学生创新思维和解决问题的能力。

综合来看,体育教学通过其独特的教学内容和活动,对学生的行为发展产生了积极影响。它不仅提升了学生的适应能力和社会责任感,还促进了学生智力和情感的全面发展。因此,体育教学在学生行为正向发展中扮演着不可或缺的角色,其价值和意义应当得到教育界和社会的进一步重视。

(五)丰富学生经验

每个人的生活与发展都依赖于一定的个人经验与社会经验,生活中的每个活动都是积累经验的过程,随着经验的丰富和充实,人们在社会上的生活会更加得心应手。为了拥有丰富多样的经验,学生除需具备读、写、说、算等最平常的经验外,还需掌握一些专门经验,具体如下。

1. 动作经验

在体育教学的多维领域中,动作经验扮演着基础而核心的角色。其内涵既包括走、跑、跳、投等基础技能习得,也包括对距离、速度、时间等复杂运动参数的感知与判断,乃至高级阶段中对应急事件的灵活应对。这些动作经验的积累,不仅为学生提供了体育锻炼的基础,更为其日后参与各类体育活动、提升生活质量奠定了坚实的基础。

2. 情绪经验

现代社会对情绪表达的文明性提出了更高要求,体育运动作为情绪释放的重要途径,其教学过程必然伴随着情绪经验的塑造。通过体育教学,学生能够调动并激发积极情绪,有效缓解消极情绪,进而学会在运动中实现情绪的自我调节,这对于维护学生心理健康、促进和谐社会发展具有积极意义。

3. 品格经验

品格经验在体育教学中同样占据着举足轻重的地位。公平竞争、诚实守信、规则意识、团队协作等品质,不仅是体育运动中不可或缺的精神内核,更是获得社会认可与尊重的基石。体育教学作为品格塑造的重要阵地,通过精心设计的活动环节与规则,使学生在实践中感悟这些品质,为其日后融入社会、实现个人价值提供有力支撑。

第二节　高校体育教学的内容与特点

一、高校体育教学的内容

近年来,体育课程正经历着必要的转型,以适应教育发展的需求和时代的进步。体育教学内容作为这一系统中的基石,承担着连接教育者与学习者、传递体育与健康知识和技能的双重任务。

对体育教学内容的深度理解要求教育者细致分析其内涵、特点和分类。这种分析有助于教育者精确定位教学方向,确保教学活动能够高效地传授体育知识和技能。教育者在体育教学内容的选择、加工和设计过程中,必须遵循科学性、系统性和实用性的原则和方法。

在对体育教学内容进行分类时,教育者应根据教学目标和学生特点,划分不同的教学模块,以满足学生的多样化学习需求。教学内容的选择应注重知识体系的连贯性和技能的实用性,确保学生能够系统地掌握体育与健康知识以及必要的运动技能。

教学内容的加工与设计是实现有效体育教学的关键。教育者在此过程中需要考虑学生的认知发展水平和个体差异,运用适宜的教学方法和辅助工具,对教学内容进行精心组织和创造性安排。这种教学设计不仅能够激发学生的学习兴趣,提高他们的参与度,还能有效提升教学效果,达到预期的教学目标。

(一)体育教学内容的内涵

体育教学内容作为体育教学活动的核心,其产生和发展与文化、教育以及社会变迁息息相关。在不同历史阶段下,体育教学内容的选择与理解均呈现独特性。体育教学内容本质上是教师根据体育教育目标精心挑选,旨在传授给学生的体育与健康知识的集合,这一集合涵盖了体育基础知识、卫生保健知识、身体锻炼方法以及多样化的运动技能。

(1)体育教学内容在性质上与其他教育内容有所区别。其选择过程充分考虑了学生的身心发展需求和教学资源的实际情况,旨在通过身体活动这一基本手段,实现身体锻炼、技能学习及比赛实践等多重教育目标。相比之下,其他学科如语文、数学、英语等侧重于理性知识的传授。

(2)体育教学内容与竞技运动内容虽存在重叠,但二者在目标和形式上有着显著的不同。竞技运动虽具有教育价值,但其核心目标是培养高水平运动员和追求竞技成绩。而体育教学则侧重于通过运动项目,培养健康、全面发展的学生。因此,体育教学内容需要根据教育目标和社会需求进行改造和加工,而竞技运动内容则保持其专业性和竞技性。

由于体育教学内容在形式、性质和功能上的复杂性和多样性,教师在教学过程中的选择、加工、组织和控制变得尤为重要。这不仅需要教师具备深厚的专业知识和丰富的实践经验,还需要教师能够灵活应对教学过程中的各种挑战,以确保体育教学活动能够有效地促进学生的身心健康发展。

(二)体育教学内容的分类

在体育教学的深入研究中,对体育教学内容的分类不仅是对知识体系的系统化整理,更是对体育教学理念与实践的深度融合。这一过程旨在通过逻辑性的归类,促进学生对体育教学内容的全面理解,并使之与教学目标紧密相连,进而为教学实践提供更为明确的指导。

1.体育教学内容分类的要求

体育教学内容的分类是现代教育体系中一项至关重要的任务,其核心目标在于确保教育内容与社会发展的同步性。在快速发展的时代背景下,社会对教育的需求持续演变,体育教学内容必须适应这些变化,以体现教育方针的最新发展。这种适应性调整和优化是确保体育教学内容与时俱进,满足教育新要求的关键。

教育者在进行分类时,必须深入理解体育学科的基本规律和内在逻辑,确保分类结果能够有效地服务于体育教学实践。这意味着体育教学内容的分类应与教学目标、计划、方法及评价体系等要素相互协调,形成一个有机统一的教学体系。这样的系统化和科学化的分类,有助于提升体育教学内容的内在质量,并为教学实践提供有力的支持和指导。

此外,体育教学内容的分类还需细致考虑学习者的需求。不同年龄阶段的学习者在体育教学目标上存在差异,因此,体育教学内容的分类应根据学习者的身心发展规律和学习特点进行个性化调整。这种以学习者为中心的分类方法,能够确保教学内容与学习者的实际需求相匹配,提高体育教学的针对性和实效性。

2. 体育教学内容分类的方式

体育教学内容的多样性和复杂性要求其在分类时展现出相应的层次性和多元性。为确保分类的严谨性和系统性,各层次间的分类方法需有所区分,而在同一层次内则必须保持分类标准的统一性和一致性。在体育教学的实践中,通常采用的分类方法涵盖了人体基本活动能力、身体素质、运动项目、综合交叉以及体育功能等五个方面。

(1)基于人体基本活动能力的分类。该方法侧重于将教学内容与人的基本运动技能相结合,如走、跑、跳、投、攀、爬等。这种方法有助于针对性地提升学生的基本活动能力,不受特定运动项目的限制,便于教学内容的灵活组合和拓展。对于低年级学生而言,这种分类方式能够更有效地培养其身体动作的基本技能,并为其后续体育学习奠定坚实基础。

(2)基于身体素质的分类。该方法着眼于学生身体素质的全面发展,包括速度、力量、耐力、灵敏性和柔韧度等多个方面。这种分类方法能够清晰地展现不同教学内容在提升学生身体素质方面的作用,有助于学生理解体育运动与身体素质之间的关联。然而,也需认识到,许多体育项目并非单一针对某一身体素质进行训练,因此这种分类方法可能无法完全准确地反映体育教学内容的复杂性。此外,这种分类方法可能忽视体育教学内容的文化内涵,需要在教学过程中加以补充和完善。

(3)基于运动项目的分类。该方法依据运动项目的名称和固有内容进行划分,如田径、篮球、足球等,这样的分类方式与竞技体育中的项目设置高度一致,便于师生理解和接受。它有助于师生根据各个项目的特点进行针对性的教学与学习活动。

(4)基于综合交叉的分类。该方法将基本与选用、理论与实践、运动技能与身体素质练习等内容进行综合与交叉。这种分类方式不仅反映了学生身心发展的特点,也满足了体育与健康课程学习的基本要求。它既有助于保持运动项目的系统性和完整性,又加强了身体锻炼的实效性,使技术与身体素质训练相辅相成。

(5)基于体育功能的分类。该方法是一种更加宏观的分类方法,它将体育教学内容与课程目标紧密结合,分为运动参与、运动技能、身体健康、心理健康与社会适应四个方面。这种分类方法有助于实现体育与健康课程的全面目标,但在具体教学内容的选择和考核标准的制定上确实存在一定的挑战。

(三)体育教学内容的构成

体育课程在学校教育体系中占据着不可替代的地位,其独特的学科属性和功能对于实现教育教学目标具有重要意义。体育课程的教育任务是多维度的,它不仅传授体育与健康的知识、技术和技能,还包括体育卫生保健知识,旨在使学生深入理解体育文化的内涵和健康生活的重要性。这一过程强调学生对知识的内化和应用,培养其对体育文化和健康理念的深刻认同。

体育课程还承担着锻炼学生身体、传授体育训练与健康维护方法的任务,以促进学生身心的健康发展。通过体育锻炼,学生能够增强体质,逐步养成终身体育锻炼的习惯,为其未来生活奠定健康基础。

此外,体育课程利用其教学过程中的创造性、选择性和人际关系多样性,指导学生学会调节情绪,培养果敢、顽强的意志品质和团队合作精神。这一过程中,体育课程关注学生的身体健康,同时着重培养学生的心理素质和社会适应能力,为学生的全面发展提供支持。

体育课程还通过剖析体育现象与社会问题的联系,引导学生分析问题并解决问题,形成正确的人生观、价值观,并为学生个性的张扬提供空间。这一教育过程有助于学生形成健全的人格,并为其未来更好地适应社会生活奠定基础。

体育课程的教育任务具有多元性和综合性,涵盖了知识传授、身体锻炼、心理素质培养以及社会适应能力提升等多个方面。所以,体育教学内容也是丰富多样的,主要包括以下内容。

1. 体育卫生保健知识

在体育教育体系中,体育卫生保健知识的教学占据了举足轻重的地位。它旨在通过系统地传授体育基本理论和知识,使学生深刻理解体育在国家发展、社会进步以及个人成长中的核心作用。这样的教学能够激发学生自主锻炼的动机,使他们能够有计划、有目的地投入体育锻炼中,从而在运动实践中实现更为科学、合理的身体锻炼。同时,卫生保健知识的融入使学生认识到健康对于个人和社会的重要性,并学会如何在日常生活中维护自己的身心健康。教学内容应当紧密结合当前体育领域的发展动态和社会问题,以学生的实际生活为背景,精心挑选并优化教学内容,确保其科学性、实用性、现实性和启发性。

2. 田径运动

田径运动教学作为体育教育的重要组成部分,其内容丰富,涵盖了走、跑、跳、投等多种基本运动形式。通过田径运动教学,学生不仅能够了解田径运动的基本知识和技巧,还能深入理解田径运动在身体锻炼中的独特价值。教学应着重培养学生的实用性技能和基础性技能,使他们能够掌握有效的体能发展方法,并了解田径运动中的安全注意事项。此外,田径运动教学还应涵盖基础的裁判知识和组织比赛的技能,以拓宽学生的视野,提高他们的综合素质。鉴于田径运动与学生基本活动能力、技术水平和心理素质的紧密联系,教学应当从竞技、文化、心理能力以及身体素质提升等多个维度出发,全面理解和分析教学内容,并据此组织教学活动。这样的教学方式不仅能够使学生掌握田径运动的基本技能,还能使他们在不同的运动实践中灵活运用所学知识和技能,实现体育教育的多元化目标。

3. 体操运动

体操运动教学内容广泛,涵盖了运动技巧、支撑跳跃、单杠、双杠等多个方面。该教学旨在让学生全面了解体操运动的历史发展和现状,认识到体操在促进身心健康方面的重要作用,并熟悉体操竞赛的基本规则与安全注意事项。通过系统的体操教学,学生能够掌握一系列实用的体操动作,运用这些动作进行有效的身体锻炼和养护,同时学会在体操运动中进行有效的保护与自我保护。

体操运动教学在提高学生的运动技能、心理素质和生理健康方面具有深远的影响。因此,在教学内容的设计上,应体现出由浅入深的层次性,通过逐渐提升动作的难度、幅度与复杂度,来增强学生的运动能力和适应性。此外,教学内容的选择与编排还需注重全面性和规范性,确保学生能够在体操学习中获得均衡而深入的发展。

4. 球类运动

根据传统的分类方法,球类运动包括大球和小球两大类,每一类都有其独特的运动特点和魅力。球类运动以其竞争性、趣味性和结果的不确定性深受学生喜爱。因此,球类运动教学应着重让学生理解各类球类运动的基本特征,掌握其基本技术和战术,并具备参与比赛、裁判和组织比赛的能力。球类运动的技术与战术复杂多变,且相互依存、相互制约,这就要求在教学过程中,技术教学与战术训练必须紧密结合,并与教学比赛相贯通,以提升学生的实战能力和比赛体验。在教学内容的选择与安排上,应充分考虑时序性、实战性和技术性等要素,确保学生能够在球类学习中获得全面而深入的发展。

5. 操类运动

操类运动,如广播操、健美操等,不仅具有音乐的节奏感和韵律美,还融合了舞蹈的肢体表现力与体育的锻炼功能,深受女性群体的喜爱。在教学过程中,首先,引导学生了解各类操的基本特征、运动规律及基本原则,并侧重于基础技能的掌握和实用性套路的学习。同时,鼓励学生自编简单的动作和套路,以培养他们的创新能力。此外,操类运动教学还应注重对学生身体姿态的矫正、节奏感和韵律感的培养以及身体表现能力的提升。这一教学内容不仅有助于提高学生的身体素质,还能在乐理学、美学、舞蹈原理等方面提升学生的综合素养。因此,在教学内容的组织上,需要从审美观培养、音乐理论介绍、情感表达能力养成以及健身效果等多个维度进行综合考虑,以更好地实现操类运动教学的多元价值。

(四)体育教学内容的选择

1. 体育教学内容的选择原则

(1)科学性原则。在教学内容的选择上,必须充分考虑到学生的个体差异,确保教学内容既能满足学生的基本需求,又能为他们提供足够的发展空间。教学内容的科学性体现在其符合学生身心发展规律,能够有效地促进学生身心健康、增强学生体质,进而推动学生的全面发展。

(2)健身性原则。以"健康第一"为指导,体育教学不仅要传授体育知识、技能和方法,更要通过适宜的身体练习,提升学生的体能和运动技能水平,实现学生的健康成长。在选择教学内容时,应结合学生的健身需求,以增强学生体质、增进学生健康为主要目标,同时考虑到学生的心理、生理特点,选择一些能够改善身体机能、愉悦身心的项目。这样,体育教学不仅能够使学生获得体育知识、技能和方法,还能培养他们良好的思想品质和坚韧不拔的精神。

(3)可行性原则。教学内容的选择应当与地方或学校的实际情况相结合,选择那些具有地方或学校特色的项目,或适合本地区和本学校开展的运动项目。这样的选择不仅有利于教学资源的充分利用,还能增强学生对本地文化的认同感。

(4)兴趣性原则。选择学生感兴趣并适合他们终身发展的体育教学内容,能够激发学生对体育学习的热情和动力。学生的兴趣是体育学习的内在驱动力,只有当他们对教学内容产生浓厚兴趣时,才会产生强烈的求知欲,进而自觉地学习,逐渐养成运动的习惯,为培养学生终身体育意识奠定坚实基础。

(5)发展性原则。遵循发展性原则,侧重于对学生终身体育具有深远影响的基础知识、基本技术、基本技能和活动内容的传授。这些内容的选取旨在培养学生自主学习的能力,使学生能够自我设计、自我锻炼、自我评价,并能够在多样化的学习内容中做出价值判断与选择。通过这样的教学方式,学生的生理、心理和社会适应能力均能得到健康和谐的发展,为其终身的体育锻炼奠定坚实基础。

(6)简易性原则。简易性原则意味着教学内容的设计应考虑到实际条件,如体育器材的充足性和体育设施的完善性。在资源有限的情况下,教师需通过简化运动规则、技战术和降低难度要求等手段,创造出简单易行的体育教学内容。此外,利用不同运动项目之间的可替代性,可以有效弥补资源的不足,确保学生能够在有限的条件下参与体育活动,促进身心健康。

(7)实效性原则。实效性原则强调体育教学内容的选择应具有实用性和实际锻炼效果,能够直接促进学生的身心健康发展。教学内容的选择应紧密结合学生的实际情况和需要,避免选择那些技术复杂、学习难度大且与实际生活联系不紧密的项目。这样的教学内容不仅难以引起学生的学习兴趣,也难以实现教学目标。

(8)地域性原则。中国地域辽阔,拥有丰富多样的体育传统文化和民间运动游戏项目。这些项目不仅具有深厚的文化底蕴,还与学生的生活密切相关。将这些项目引入体育课堂,既可以使学生了解中国的传统文化,又可以增强学生参与体育活动的兴趣,提高教学效果。此外,根据不同气候、季节的特点选择地域性运动项目,能够充分利用和开发体育教学内容资源,实现体育教学的最优化。

2.体育教学内容的选择依据

在探讨体育教学的技能与知识素材时,教育者面对的是一个复杂而庞大的体系。为了有效实现体育教学目标,必须精心筛选与教学目标紧密相关的身体练习和理论知识,构成教学内容。这一筛选过程不仅需考虑地区特色,从广泛的体育活动中选择适宜的教学内容,还需遵循一系列明确的原则。

体育教学内容的选择是体育教学服务的核心环节,其质量直接关系到体育教学目标的实现及课程目标的达成。教育者在进行教学内容选择时,应确保所选内容既符合教学目标,又能够激发学生的学习兴趣,促进其全面发展。因此,在选择体育教学内容时,我们必须基于以下几种核心因素进行考量。

(1)以"健康第一"为指导思想。体育教学不仅仅是一种技能训练或游戏,它更承担着促进学生身心健康的重任。因此,在选择体育教学内容时,我们应确保其能够充分体现这一指导思想。无论是传统的竞技体育项目、新兴的体育活动,还是来源于生活的体育游戏和活动,只要它们有利于促进学生的身心健康,都应当成为我们体育教学的内容。

（2）以体育教学目标的实现为宗旨。体育教学是实现体育与健康课程目标的主要途径，而教学内容则是实现教学目标的重要载体。因此，在选择体育教学内容时，我们必须充分考虑其对教学目标的支撑作用。只有那些能够有效促进教学目标实现的教学内容，才值得我们选择和设计。同时，这也要求我们在教学过程中，始终将教学目标作为选择和设计教学内容的根本依据。

（3）遵循学生的身心发展规律。学生的身心发展，宛如一幅细腻而多彩的画卷，其中蕴含着体能跃动、身体形态塑造、身体机能锤炼、认知深化、情感丰富、个性心理绽放以及思维方式拓展等多重元素。这幅画卷上的每一笔、每一画，都因其年岁增长而逐渐展现出独特的韵味。

因此，体育教学内容的设计不能一概而论，它像一名细心的画师，仔细观察每一名学生身心发展的细微变化，将这份差异融入笔端。传统的体育教学内容，虽有其普遍性，但如同固化的模板，难以适应不同年龄段学生身上那份鲜活的个性与需求。

（4）了解学生的兴趣爱好和发展需求。学生是体育学习的主体，他们的兴趣和需求是教学内容选择的重要依据。不同年龄段的学生对体育活动的兴趣和需求不尽相同，这要求教师在选择体育教学内容时，要深入了解学生的兴趣所在，并基于他们的发展需求进行合理设计。只有满足学生的兴趣和需求，体育教学才能够激发学生的学习热情，增强他们的学习动力，进而提升体育教学的效果。

（5）结合不同地区和学校的实际教学条件。体育场地、器材和设备是体育教学的重要物质基础，它们的质量和数量直接影响到体育教学的质量和效果。因此，在设计和选择体育教学内容时，必须充分考虑所在地区、学校的实际条件，确保所选内容能够在现有条件下得到有效实施。这既是对教学资源的合理利用，也是对学生学习权益的尊重和保护。通过结合实际教学条件选择体育教学内容，可以确保体育教学活动的顺利进行，为提升体育教学质量提供有力保障。

3.体育教学内容的加工

在体育教学的实施过程中,体育教学内容的选择并非孤立的环节,而是需要教师在充分理解教学内容的基础上,结合学校的实际情况,对所选内容进行深入加工与改造。这一过程不仅是对教学内容的优化,更是确保教学质量与效果的关键步骤。

(1)通过动作教育模式对体育教学内容进行加工,旨在通过身体活动的实践,促进个体身心"最适发展"。动作教育强调的不仅是技能的掌握,更注重通过动作活动而带来的身心和谐与全面发展。在实际教学中,教师可以设计富有角色性、竞争性的游戏或康复训练,让学生在游戏中体验社会互动,培养处理人际关系的能力,同时加深对运动价值的理解。这种改造方式能够使学生在轻松愉快的氛围中,达到身心发展的双重目的。

(2)结合体育原理与知识对体育教学内容进行加工,是一种深化教学内涵的策略。这种改造方式侧重于挖掘运动背后的科学原理和文化内涵,将其融入探究式教学模式中。通过启发式和发现式的教学方法,引导学生主动探索运动原理,提升对运动现象的理解与解释能力。这种加工方式对于高年级学生尤为适用,有助于他们形成系统的知识体系,提高运动技能的运用能力和解决问题的能力。

(3)在体育教学领域,为了打破传统教学模式单调与乏味的局限,游戏化的改造策略被赋予了新的使命。面对体育技能训练的重复性和枯燥性,游戏化改造以其独特的魅力,为课堂注入了新的活力。通过将游戏元素巧妙地融入教学内容,让学生在竞争、合作与角色扮演中体验运动的乐趣,不仅顺应了学生活泼好动的天性,也极大地提升了他们参与体育活动的热情。这种变革不仅贴合了学生的成长需求,更为体育教学开辟了新的路径,实现了教学效果的飞跃。

(4)简化运动项目的改造策略同样在体育教学中扮演着重要角色。这一策略旨在通过调整技术结构、竞赛规则、场地器材规格等方面,使运动项目更加适应学生的身心发展特点,降低运动难度,减轻学生在运动中的生理和心理负担。在改造过程中,需要综合考虑体育教学目标、体育规律、运动项目特点以及健身原理,确保改造后的运动项目既具有实际应用价值,又能有效促进学生的身心健康。

简化运动项目改造策略的实施,要求教育者充分分析运动项目的健身性、教师的操控性和学生的接受性,采用走、跑、跳、投等活动形式,从多个维度对运动项目进行精细化调整。这种改造不仅能够为学生提供更多样化的运动体验,还能够有效激发学生的运动兴趣,促进体育教学效果的全面提升。

(5)在体育教学内容的革新与重组中,融合体育文化的元素不仅丰富了教学内容,还提升了学生的文化体验,加深了学生对体育文化的理解。体育文化,作为促进健康和提升生活质量的产物,涵盖了物质和精神双重层面的财富。通过融合体育文化,教学内容得以从体育运动中汲取精华,使学生在学习中深入体验运动文化的韵味。这种做法不仅有助于学生了解我国传统体育文化如舞龙、舞狮、划龙舟等的历史渊源和文化内涵,还强化了学生对修身养性理论的理解,为个人的健康养护提供了坚实的理论基础。同时,结合学生的兴趣,引导学生欣赏竞技运动比赛,进一步提升他们的体育素养和审美能力。

(6)在"三生"教育的指导下,体育教学内容的改造和加工进一步贴合了后现代主义语境下的教育需求。通过融入"生命教育""生活教育""生存教育",体育教学内容更加倾向于野外化、冒险化、实用化和生活化。这种转变不仅传授了实用的运动技能,如野外生存技能、游泳等,而且有效激发了学生的直接学习动机和兴趣。实用性强的运动项目,如跑酷、游泳、野外生存等,在改造为体育教学内容后,极大地增强了学生的参与热情,使体育教学更加贴近学生生活、社会和自然。然而,在内容改造过程中,避免盲目追求时尚和刺激,依据学校条件、教师能力和学生兴趣来合理选择运动项目。

（7）以运动处方形式改造和加工体育教学内容，为体育教学带来了更为科学化和个性化的指导。通过健康诊断、体力测定等行为，结合运动人体科学的原理，为学生量身定制运动方案。这种教学内容不仅更加符合学生的实际需求，还有助于实现个性化的身体锻炼，从而有效改善学生的健康状况。运动处方形式的运用，为体育教学内容的革新和个性化实施提供了有力的支持。

二、高校体育教学的特点

（一）制约性

体育教学有一个与众不同的特征，那就是体育课的教学效果更容易受到外界各个方面的影响，更容易受到客观实际情况的制约，如学生的体育基础素质、体质水平，学生的性别、年龄、生理和心理特点，外界气候条件、运动场地、器材设备等，这些因素都从不同层面对体育教学的质量有着不同程度的影响。

从体育教学的角度，体育教学的实施要体现教育的全面性，不仅要根据学生的运动基础进行区别对待，还必须对学生的年龄、性别以及生理和心理特点等进行全面考虑。因为男生和女生在身体形态、运动素质、机能水平、运动功能等方面差异巨大，所以教师在教学设计、教学要求、教学组织等方面根据学生的性别不同要有所区分。

（二）审美情感性

在体育教学领域，美感的体现是多维度且深刻的，它不仅为师生提供了一种审美体验，更在精神层面上激发了内在的潜能与追求。这种美感首先体现在师生运动过程中的形体美与运动美上。学生在运动中锻炼自己的身体，使身体线条流畅、比例匀称，展现出人体结构之美，这是体育运动的外在美。然而，美感并非止步于此，它还深入体育教学的灵魂深处，体现了人类挑战自我的精神之美。

在挑战与超越中,学生们不仅锻炼了体魄,更在精神层面实现了升华。他们在面对身体和精神障碍时,不屈不挠,勇往直前,最终达成运动学习的目标。这种精神之美,是体育运动的内在美,它激励着每一个人不断前行去追求更高更远的目标。

除了上述两方面,体育教学的内容本身也充满了审美性。每个运动项目都承载着独特的审美特征与美学符号。球类项目展现了团队合作与人际交往的和谐美;田径项目则彰显了人类的力量与速度,体现了坚韧不拔的拼搏精神;健美操项目则以其柔韧、灵巧和艺术表现力,展示了女性的婉约与柔和之美。这些美感的交织,使得体育教学成为一门集运动、艺术与审美于一体的综合性课程。

(三)直观形象性

体育教学过程中,直观形象性是一个显著特点。教师在讲解动作时,声音应该洪亮、清晰,并且生动形象、通俗易懂地描述动作技术,将复杂的技术动作以形象、通俗的方式呈现,这有助于学生加深对动作的感知和记忆。此外,教师通过特殊的方式进行动作演示,如亲自示范、优秀学生示范、正误对比示范、教学模具示例、人体模型实例和动作图解等,使学生通过感官形成对动作的基本认识,建立正确、清晰的运动表象。

学生通过各种渠道和媒介观看正确的动作示范,获得生动的表象,同时激发形象思维,从而掌握体育知识、技术和技能,并发展观察能力和形象思维能力。此外,体育教学的组织和管理也展现了直观形象性的特点。

第三节　高校体育教学的原则与过程

一、体育教学的原则

所谓"原则"一词,《现代汉语词典》第7版对其的解释为:说话或行事所依据的法则或标准;总的方面,大体上。因此,在教学原理中,通常把教学原则定义为对教学的基本要求和指导原理。教学原则对整个教学过程起着指导作用。教学原则是指导教学活动的出发点,教师要根据教学原则来设计整个教学过程;教学原则是实施教学的总调节器,在整个教学进程中,教师要以教学原则来调节、控制教学活动;教学原则是衡量教学质量的准则,教学质量的高低,从根本上来说就是看教学原则贯彻的如何。因此,每个教师和教学管理者都必须掌握体育教学原则。

教学原则是规范性的,是属于主观性教学要素范畴的。教学原则是在总结教学实践经验、认识教学规律的基础上制定出来的。因此,我们又将教学原则定义为:依据一定的教学目的,以教学规律的认识为基础,并用以指导实际教学工作的基本条文。由此可见,教学原则具有规范性、时代性、理论性和多样性等性质和特点。

(一)合理安排活动量

在体育教学这片独特的领域中,身体活动或称为身体运动是其核心特点。因此,如何确保学生在体育课堂上所承受的运动负荷既有效又合理,成为每位体育教师必须面对和解决的问题。这背后,正是体育教学中合理安排活动量的原则在发挥着指导作用。

这一原则是基于体育教学的本质特点和运动负荷的科学规律所提出的。运动负荷,简而言之,就是学生在参与体育活动时,身体所承受的生理负担。它由运动强度和活动量两大要素构成,前者指的是单位时间内身体所承受的量的大小,后者则涵盖了运动的内容、数量和时间等多个方面。

在体育教学中,合理安排活动量意味着要确保每位学生都能达到适宜的生理负荷量,从而在锻炼中收获最佳效果。这并非易事,因为每个学生的体质、性别以及身体形态、机能、素质都存在差异。因此,教师需要根据不同学生的特点,让每位学生都能在适合自己的节奏和强度下参与锻炼。

要使体育教学中的活动量适宜,教师需要综合考虑课程目标、教学内容、教学进度和教学设计等多个因素。在此基础上,通过调整运动强度或运动量来确保每位学生都能获得恰到好处的锻炼。一般来说,当运动强度较大时,运动量应适当减少;反之,当运动强度较小时,则可以适当增加运动量。这种调整方法既科学又实用,能够帮助教师更好地掌控体育课堂的运动负荷。

(二)因材施教

因材施教原则是指在体育教学中要贯彻"面向全体学生"的精神,根据每一个学生的具体情况,实施各不相同的、有针对性的教育,使每一个学生的运动技能和身心健康都能在各自的基础上得到充分的发展。

因材施教原则是依据体育教学受制于学生身心发展的特点规律提出的。学生身心发展在一定年龄阶段上虽然具有一定的稳定性和普遍性,但是由于每个学生的发展受遗传、生长环境等因素的影响,同一年龄段的学生的身心发展又表现出很大的差异性,在运动方面的差异性尤为明显。因此,体育教学必须充分考虑这些个体的差异,坚持因材施教的原则,争取使每个学生都得到平等的教育和充分的发展。

(1)深入细致地研究和了解学生。在体育教学中要贯彻因材施教的原则,首先就是了解学生的个体差异的情况,为进行因材施教的教学做好准备。充分地了解和研究学生是良好教学的基础和出发点,教师可通过问卷调查、查阅资料和询问班主任等方法对学生进行细致的了解,弄清学生在身体条件、兴趣爱好和运动技能等方面存在的个体差异,并对这些个体差异进行全面的分析,在此基础上考虑区别对待的对策。对学生的个体差异,还要用发展的观点来看待。

(2)正确看待和引导学生正确对待个体上的差异。在体育教学中要贯彻因材施教的原则,还必须正确看待和引导学生正确对待个体上的差异。教师不仅要告诉学生不能歧视身体条件比较差的学生,更不能偏爱身体条件比较好的学生,且要告诉学生,人在各个方面存在个体差异是很正常的事情,特别是在体育方面,人的个体差异更加明显,不要为这些差异而沮丧,也不能为这些差异而自满,大家都有自己的发展目标和努力方向。还要告诉学生用发展的观点来看待个体间的差异,引导学生要互相帮助、互相学习、互相评价等。通过这样的活动和教育让师生在思想上共同具有正确对待个体差异的认识。

(3)通过各种体育教学组织形式创造因材施教的条件。在体育教学中,教师要采用多种教学的组织形式来因材施教,如采用各种类型的“等质分组”(如体能分组、身高分组、体重分组、技能水平分组等)形式来进行区别对待的教学。对身体条件和运动技能有缺陷的同学要给予热情关怀和照顾;对身体条件和运动技能都好的学生,也要为他们的进一步发展创造条件,提出更高的要求,从而保证全体学生都能有进步,使每个学生都能享受到学习和成功的乐趣。

(4)采用各种体育教学方法进行因材施教。有些体育教学的场合是不能进行“等质分组”来解决区别对待的问题的,因此还要运用各种区别对待的教学方法来因材施教。比如“五分手篮球”“目标跳远”等教学方法,这些方法既能让每个学生拥有自己的挑战目标,去实现自己的突破,又能与强手一起同场竞技。

(5)把因材施教与统一要求结合起来。统一要求是面向多数学生,而因材施教是面向全体学生;统一要求是客观标准,而因材施教是主观评价标准;统一要求与学籍管理有关,而因材施教与学习自觉性有关,但是无论怎样,统一要求和因材施教都是体育教育的目标和手段,两者不可偏废。

(三)逐步提高运动技能

逐步提高运动技能原则在体育教学中占据着举足轻重的地位,它不仅是学生体育学习的核心目标,更是衡量教师体育教学成效的关键尺度。这一原则建立在深刻理解和遵循运动技能形成规律的基础之上,旨在通过系统的教学过程,不断提升学生的运动技能水平,进而实现体育教学的根本目的。

(1)必须清醒认识到运动技能提高在体育学习中的核心地位。运动技能不仅是体育学科的基石,更是学生锻炼身体、提升运动素质、享受运动乐趣的重要前提。因此,体育教师应将运动技能教学置于教学的中心位置,致力于提高学生的运动技能水平。

(2)明确运动技能学习的目标,并分层次、有步骤地展开教学。在体育教学中,学生运动技能的提高与运动员的训练有着本质的区别,它更多地强调娱乐性和健身性。因此,教师应根据学生的学习需求和兴趣爱好,设定不同层次的运动技能学习目标,引导学生逐步掌握和提高运动技能。

(3)深入研究"学理"和"教法",以提升教学质量。在体育教学中,运动技能的提高受到多种因素的影响,包括学生的个体差异、教学条件等。因此,教师必须深入研究运动技能掌握的规律,特别是在体育教学条件下的技能掌握规律,并据此制定科学有效的教学方法,以提高教学质量。

(4)创造有利于运动技能提高的环境和条件。这包括提升教师自身的运动技能和教学技能,优化教学场地和器材,组织好学生集体和开展学生间的交流评价。只有在这样的环境中,学生才能更好地学习和掌握运动技能,实现运动技能的提高。

(四)注重体验运动乐趣

注重体验运动乐趣就是在体育教学中让学生在掌握运动技能和锻炼

身体的同时,体验运动带来的乐趣,使学生喜爱运动并养成运动的习惯。注重体验运动乐趣原则是依据运动中的游戏特性和体育教学中运动情感变化规律提出的。让学生通过体育教学和运动体验到乐趣,并对此产生兴趣,是提高体育教学质量的必然要求。让学生在体育教学和运动中体验乐趣,也是终身体育的要求,同时也是体育教学的目的。

(1)正确处理和对待运动中的乐趣。每个体育运动项目都有其特殊的固有乐趣,这些乐趣来自项目的运动特点和比赛特征,在教学过程中我们要正确处理和对待。对这些乐趣不能盲目地追求,而应该从教学目标和教学手段两个层面去汲取对教学过程有用的、有积极意义和价值的乐趣。

(2)乐趣的基础是获得成功的体验。在体育教学过程中,要使学生体验成功的乐趣,就要注意在教学方法和教学内容的选择上加以思考与谋划,使大多数学生都有机会体验成功,而不是体验挫折。

(3)处理好体验乐趣与掌握运动技能的关系。掌握运动技能、提高身体素质是体育教学的首要目标,在体育教学中不能一味追求趣味化而放松了运动技能的教学,影响教学质量。在体育教学中既要掌握运动技能,又要体验运动乐趣,使学生在体育教学中享受到体育锻炼和体育学习带来的快乐,二者要有机地统一起来。因此,在体育教学中,应把趣味性强和教学意义强的内容作为重点;对于教学意义强但趣味性差的内容,要通过教师的努力,赋予其有趣的因子,使教学饶有趣味。

(4)开发多种易于学生体验乐趣的教学资源。教学资源的开发与利用对学生体验运动乐趣非常重要。教学内容的调整、练习条件的变化、场地器材的改变等都能给学生带来运动乐趣方面的体验,这需要教师认真地根据学校现有的各种条件进行挖掘与整合。

(5)体验成功不忘挫折,体验乐趣不忘磨炼。磨炼与挫折往往伴随着成功,大部分成功必须经过磨炼与挫折才能得到,这是一条普遍的规律。在体育教学中我们要让学生经历这些磨炼与挫折,但要把握好一定的度,以不挫伤学生学习的积极性为限。

(五)在集体中进行教育

在集体中进行教育原则,指在体育教学中要发挥运动集体的作用,在集体中特别是在小群体的自主性活动中对学生进行教育,培养学生正确的集体意识和良好的集体行为。在集体中进行教育原则是依据体育运动以集体活动形式为主,体育学习依赖体育学习集体形成的特点以及体育学习集体组成、发展和分化的规律提出的。

体育活动以竞争、协同、表现为主要特点,这些特点又都与集体活动密切相连,且许多项目与集体作用很强的小群体联系密切,有些运动的比赛就是以5~6人的小群体的形式出现的,如篮球为5人、排球为6人、小足球为5人、健美操和艺术体操为6人组合等。因此,体育运动与集体形成有着天然的联系。此外,体育的教学不同于教室中的教学,受场地、器材和活动范围的影响,体育的学习形式也是经常以小组的形式来进行的,这使得体育学习方式也与集体形成有着内在的关联。

从体育教学目标来讲,对学生进行集体的教育既是学生社会化的要求,也是学生形成良好的集体行为参加终身体育锻炼的需要。因此,体育教学要充分发挥体育的集体教育因素,为学生未来参与社会体育打下基础。

(1)分析、研究、挖掘体育活动和体育学习中的集体要素。体育活动和体育学习中的集体要素很丰富,集体要素中的"共同目标""团队意识""领导核心""职责的分担""规则的建立""共同的活动""共同的活动场所"都存在,而且都有充分的体现。体育教师应该加强对这些因素的关注和研究,把这些因素有目的、有意识地组织到学生的集体活动和体育学习中,为学生的集体意识和集体行为的培养打下基础。

(2)善于设立"集体学习"的场景。集体教育建立在两个基础之上,一是"共同学习的课题",二是"共同学习的平台"。所谓"共同学习的课题",即指那些能引发学生普遍兴趣、激发学习热情的共同任务。这些课题可能涉及知识的探索、技能的磨炼、意志与智慧的考验、团队荣誉的角逐。这样的课题设计,不仅为学生的学习提供了明确方向,更是凝聚集体意识、激发集体行动的重要力量。而"共同学习的平台",则是实现集体教育的具体场所和形式。它并非简单的分组或聚集,而是基于共同目标、团队意识、领导核心、职责分工、规则制定、共同活动等多维度构建的集体实体。这个平台不仅为学生提供了学习和交流的场所,更是培养学生集体意识、促进集体行为养成的关键所在。

体育教学要贯彻"在集体活动中进行集体教育"的原则,就必须通过教材研究挖掘那些有意义的、与运动技能教学联系紧密的"集体共同学习的课题",还要通过教学组织方法的改进有意识地形成各种有效的"集体共同学习的平台",这样集体教育才可能落到实处。

(3)开发有助于集体学习的教学技术和手段。体育教学要贯彻"在集体活动中进行集体教育"的原则,还必须有集体教育的技术和手段的支撑。现在国内外的体育教学中已经开发出有利于学生集体内、集体间交流的许多教学技术和教学手段。教学技术主要包括形成团队凝聚力的方法、集体讨论的形式、在全班面前的小组报告、小组内同学之间的相互评价等;而教学手段则主要体现在组内互动的媒介——学习卡片的开发和运用上。这些特殊的教学技术和教学手段为在体育教学中贯彻"在集体活动中进行集体教育"的原则提供了技术上的保证。

(4)处理好集体教育和个性发展之间的关系。学生的个性发展和集体教育是相辅相成的。体育教学既要贯彻"在集体活动中进行集体教育"的原则,还要注意发挥学生的个性。良好个性体现应是在集体的道德共识和集体的行为规范范畴内的个体创新,而集体也应是包容了各种被允许的个人思想和行动自由的群体集合。我们不能一谈"集体教育"就否定那些合理的个性化的思想和行为,更不能一谈"个性发展"就纵容那些有悖于集体利益的不合理思想和行为的存在,要把"集体教育"和"个性发展"有机地结合在集体的活动和学习中。

（六）安全运动和安全教育

安全运动与安全教育原则，在体育教学中扮演着至关重要的角色。这一原则强调，在指导学生进行体育活动时，既要确保他们的人身安全，又要教会他们如何安全运动。体育教学的内容往往涉及剧烈的身体活动和器械操作，这些活动无疑增加了安全风险，使得安全教育和防护成为不可忽视的要点。

体育，作为一门以身体运动为核心的学科，其本质就决定了它与危险并存。初学者由于缺乏技能和经验，更容易在运动中受伤。因此，体育教学中，安全教育与运动技能传授并重，成为教师不可推卸的责任。安全运动和安全教育原则就像一把尺子，衡量着体育教学的成败。一旦学生安全受到威胁，即便其他方面再出色，也无法掩盖体育教学失败的本质。

（1）时刻对学生进行安全运动的教育。要在体育教学中贯彻安全运动与安全教育原则，必须有学生的密切配合。因此，体育教师要时时刻刻地对学生进行安全运动的教育，要让每个学生都绷紧安全这根弦，组织专门时间讲解保证安全运动的知识和要领，教会学生互相帮助的技能。

（2）建立与运动安全有关的安全制度和安全设备。对于一些比较危险的教学内容要制定严格的安全制度，限制那些危险部分的教学内容和教学手段；对于一些比较容易发生危险的体育设施要安装必要的保护装置和张贴警示标志，警示学生在自主性学习时要注意危险防范。

（3）在体育教学中要安排负责安全的小干部。教师还要充分组织体育委员和其他学生干部共同防范危险，确保全班同学的运动安全。

（七）提升运动认知

提高运动认知原则，是体育教学中不可或缺的一环。这一原则基于运动实践与运动认知之间相互促进的规律，旨在通过运动知识和技术的学习,深化学生对运动文化的理解,进而培养他们的运动认知能力,实现运动文化的传承与发展。

运动认知,作为一种特殊的认知方式,其核心在于通过运动体验,强化个体的身体反应、神经传递等能力,使人在面对各种运动情境时能够迅速反应、敏捷行动。这种能力的提高,不仅对于个人的学习、工作、生活具有重要意义,更是健康和幸福生活的基石。

在学校教育中,体育学科扮演着培养学生运动认知能力的关键角色。通过系统的体育教学,学生能够接触到丰富的运动知识和技能,从而在实践中不断提升自己的运动认知水平。同时,体育学科也承载着传承运动文化的重要使命。作为人类文化宝库中的瑰宝,运动文化不仅展现了人类智慧和创造力,更蕴含了健康、团结、拼搏等精神价值。通过学习和传承运动文化,学生能够更好地理解运动的意义和价值,进一步提升自己的运动认知能力。

(1)重视体育学习中的"认知"因素,完成"学懂"的目标。要通过体育教学,实现学生的既"会"又"懂","会"指的是对运动技能的掌握,"懂"指的是对运动技能原理的掌握和对运动文化特征的理解。学生对运动技能原理的掌握有利于他们在未来的体育锻炼实践中举一反三;而学生对运动文化特征的理解则有利于他们区别运动文化与其他文化的本质特征,以更好地融入体育实践。二者都与学生的终身体育有着密切的关系。

(2)重视培养运动表象和再造想象。运动表象和再造想象是学生形成动作、掌握运动技能的基础。学生头脑中运动表象的储备越丰富,再造想象力越强,运动动作掌握的也就越迅速、越准确。由于学生对某一动作的认识在很大程度上依赖于他对那个动作所形成的表象。因此,教师在体育教学中要经常注意学生是否形成适当的运动表象,以帮助学生获得正确的认识和知识。学生通过教师的示范、讲解或自主观看录像等,经过自己的模仿练习,形成正确而清晰的运动表象的同时,通过再造想象过程,使动作得以巩固、熟练,从而达到运动的自动化。

(3)重视"发现式学习"和"问题解决式教学法"。在体育教学中要重视"发现式学习"和"问题解决式教学法"等学习方法,以提高学生发现问题和解决问题的能力,并不断提高学生对运动原理、运动学习方法的理解,提高体育教学的"智育"质量,并使这种理性的认识成为学生终身体育实践能力的一部分。虽然体育教学与其他认知类学科在教学过程上有很大的不同,但体育教师仍然要注意遵循学生的认知规律来考虑体育教学过程,教师要事先将运动教材中的有关原理和知识进行归纳和整理,组成"课题串"和"问题串"来构建认知性的教学。

(4)开发有利于学生认知的教学方法与手段。要提高体育教学中开发认知的任务,就必须大力开发有利于学生认知的教学方法与手段。在教学方法层面,要重视对设疑提问、问题验证、学习讨论、集体思考和集体归纳等教学方法的开发。在教学手段层面,要重视对黑板、模型、计算机课件、学习卡片等提高学生认知的教学手段的开发,从而把运动技能学习和运动认知的提高紧密地结合起来。

二、体育教学的过程

体育教学的过程是为实现体育教学目标而计划和实施的,是让学生掌握体育知识和体育技能以及其他教育内容的过程,包括时间和空间两个维度。与其他学科教学不同,体育教学过程既要关注个体,又要兼顾整体;既要尊重学生的个人意识,又要关注教师的教学目标。只有做到全方面、多维度地探讨体育教学过程,体育教学过程理论才能真正指导体育教学实践。

体育教学过程是一种系统运行过程,由师生共同参与,通过确定目标、激发动力、理解内容、进行身体反复练习、反馈调控与评价等环节组成。

(一)体育教学过程要素及其职能

1.体育教学过程的基本要素

(1)教师。教师是教学的组织者与管理者,决定体育教学过程的实施方法,即教什么(教材)和怎么教(传播媒介),是教学计划的制定者,教学环境的创设者,各种教学关系的协调者,并通过了解、激励、教育、指导影响学生,是教学活动的关键因素,起到主导作用。

教师作为教学系统内的重要因素,在要素结构中所占比例应大小适度。如果教师的比例过大,主体性过强,势必会限制学生独立自主学习能力的培养。教师在教学过程中具体应该占有多大的比例,应视其他构成因素情况而定。在教授新学内容时、教学内容有一定的危险时、教授低年级学生时,教师应该发挥主要作用,应该负有更大的责任。在复习课、提高课中,教师如果过多干涉学生的学习活动,则会影响学生个性的发展、创造力的提高以及独立解决问题能力的培养,甚至起到相反作用。另外,随着现代教育理念的迅速发展,教师在体育教学过程中的角色也开始出现变化,教师已经不再是传统意义上的知识拥有者、传授者,其角色已经转化为教学过程中的"指导者、协作者、帮助者、建议者",甚至是"学习者"的角色。

(2)学生。学生是教育的对象,教材的选择、教学方法的制定均指向学生。学生又是学习的主体,如果没有学生的积极、主动、自律的学习,教学活动就无法开展,"促进学生体育学习"的体育教学目标也无法实现。学生只有积极配合教师的教学活动,充分利用各种教学条件,认真学习教材内容,才有可能达到最佳的学习效果。

(3)传播媒介。传播媒介在教学过程中的作用是把教材内容传递给学生,它涵盖了物质条件和方法手段两个方面。具体包括讲解、示范、教具模型演示、电视技术、互联网技术、讨论、答疑、练习、游戏、比赛以及体育场地器材设施等。其主要职能是传递信息。值得注意的是,教师在某种程度上也是传播媒介的一种形式,因此在教学过程的构成因素中具有双重身份。在当代社会,随着互联网技术的普及和发展,人际交往的进一步深化,学生获得知识的途径越来越多。单纯依靠教师获得信息的时代已经一去不复返。因此,教师需要不断更新自己的知识和技能,以适应新的社会环境和学生需求,更好地履行自己的传播媒介职责,传递更多的有用信息。

(4)教材。体育教材,作为体育课中不可或缺的教学资源,承载着实现体育教育目标的重要使命。其内容的选择与编排,不仅要考虑教学内容的丰富性和情趣的多样性,还要力求新颖和吸引力,以应对当前体育教材相对滞后于社会发展的现状。

体育教材的内容、顺序和组合,三者相互关联,共同构成了体育教学的基础框架。内容的选择决定了教学的内容,顺序的安排影响着学生的学习路径,而组合的方式则决定了课堂中教学内容的呈现方式。在我国,地域差异、学校条件、学生个体差异等因素,都要求我们在选择体育教材时,必须充分考虑实际情况,科学合理地安排教材内容、顺序和组合。

体育教材不仅仅是教师教学的工具,更是教师教学思想、教学模式和教学方法的体现。随着课程改革的深入,体育教材的内容改革成为课程改革的出发点。体育教师应以体育教材为基础,不断更新教学模式和教学方法,以更好地实现体育教育目标。

在教学过程中,教师的专业指导与学生的认真学习同等重要。同时,教学工具与教材的有效利用,也是提高体育教学效果的关键。需要注意的是,教学过程中的四大要素——教师、学生、教材和教学方法,彼此间相互影响、相互作用,任何一方的调整都可能引发整个教学过程的变革。因此,我们在教学过程中,应全面考虑,确保教学目标的顺利实现。

(5)评估。根据系统论"系统整体大于部分之和"的观点,体育教学过程要达到其整体的最佳功能,并不是各个要素的个体功能简单相加,所以单纯地提高各个要素的个体功能并不一定能够收到良好的教学效果,只有在充分发挥其个体功能基础上,树立整体观念,努力促进各要素协同配合,优化组合结构,才可以实现体育教学过程的高效率、高效益,保证体育教学沿着科学化的方向发展。对此,要求学校及体育教师在教学过程中严格按照相关规章制度教学,制定健全的、科学的、统一的、明确的评估体系,判断不同阶段各要素之间相互作用的发挥情况及取得的成果,以便及时调整教学计划和教学目标,进而实现体育教学过程整体效率的优化。

(6)教学环境。在体育教学实践中,主观能动性是教师与学生不可或缺的能力,它体现在对客观规律的深刻认识上,进而自觉地改造世界,推动体育教学向前发展。要提升体育教学效果,必须充分发挥教师和学生的主观能动性。同时,我们不可忽视教育环境的重要性。一个优质的教学环境,能够激发教师的潜能,提高教学质量,更能激发学生的热情,培养他们的创造力。因此,我们必须注重教学环境的营造,为体育教学的发展提供有力保障。

2.体育教学过程要素的职能

以教师为教学信息的传递者,以学生为教学信息的接收者,以教材为教学信息的传递依据,以媒介为教学信息的传递形式,以评估为教学信息的改进依据,以环境为教学信息的影响因素。他们既独立存在,又相互制约、相互影响,共同构成独特的有机整体,助力实现教学目标,其职能主要表现如下。

(1)教师是人类灵魂的工程师,在现代化教育背景下,教师既要不断丰富自身专业知识,创新教育教学方法,着眼于"过去、现在和将来"以传播体育知识,实现教学目标,培养新型高素质人才;又要在评估体系的数据辅助下,关注学生的个体差异性,启发学生智慧。

(2)学生是体育知识的接收者,是吸收知识并进行社会实践的主体,也是教学目标的完成者,是教学效果评估体系的对象,这种多重"身份"意味着学生在受教育过程中,既要积极接受教学信息,配合教师完成教学目标,通过教学效果评估;又要在教学过程中摆正自己的"主体"位置,做到主动学习,充分发挥自身的主观能动性,勇敢地发现问题并解决问题,培养创新思维和创新能力,实现自我教育、自我提升、自我实现。

(3)为了确保教师能够讲好一堂课,前提是必须对学科教材有深入的理解。只有充分备课,才能确保教学质量。教材是储存于书本上的理论知识、思维思想、方法技能,它是教学内容的来源和依据,同时也是考试大纲的内容源泉。在体育教学的过程中,教师通过特定的教学方法,将储存在书本上的知识传递到学生的头脑中,进而形成学生头脑中的储存知识。因此,对教材的深入理解和备课是讲好一堂课的关键。所以,让教材与时俱进,反映当下社会现实,又不乏对传统的宣传,对于培养学生的综合素质影响长远。

(4)教学媒介是教学内容的载体和表现形式,是师生之间传递信息的"桥梁",需要借助物质手段实现,如教学模型、多媒体技术、教师的授课方式及示范行为、课堂的互动实践等既能形象、具体展现教学内容,又能让学生直观感受教学信息,便于学生理解和接受。

(5)教学效果评估是一项关键任务,其目的在于依据既定的教学计划和目标,系统地安排教学课程与实践活动,并在特定阶段对所取得的教学成效进行评估与量化。这一过程不仅确认了教学中取得的显著成就,而且识别并总结了存在的问题。教学效果评估为教师指明了教学方向,同时帮助学生认识到自身与教学目标之间的差异。

此外,通过集体讨论,可以持续优化课堂结构、教学内容、教学方法和教育策略。为了适应现代教育模式的新需求,教育策略的调整变得尤为必要,以确保教育教学活动的科学性、现代化和标准化。这种适应性调整对于满足学生需求、提升教育质量以及为教育事业的未来发展打下坚实基础至关重要。

(6)为学生提供适应于体育教学与学习的环境背景,与学生受教育结果直接相关,因为是当下体育教学过程需要完善的内容。这种环境背景既包括自然环境,如学校所处的自然环境、教学过程的自然环境、学生的生活环境等,又包括人文环境,如课堂氛围、校园文化、个人或集体的价值观等,只有完善双重环境要素,才能让体育教学事半功倍。

(二)体育教学过程的设计原则

所谓体育教学过程的设计是用流程图的形式计算,简洁反映分析和设计阶段的结果,表达教学过程,直观地描述体育教学过程中教师、学生、学习内容、教学媒体等基本要素之间的关系,为体育教师提供一个有参考价值的教学设计方案。以下为体育教学过程的设计原则。

(1)发挥教师的主导作用。作为人类文明和知识的传播者,教师是影响教学成果的关键环节。现代教学环境下,教师除了要做好课前准备,把体育知识讲清楚,更要打破传统体育教学模式的桎梏,培养授课创新思维,采用不同的方式引导学生自主学习、独立思考、敢于发现问题并解决问题,由最初的"授课"模式调整到更为适应现代科学技术迅猛发展需要的"解惑"模式。

(2)正确认识学生为学习的主体。学生作为学习的主体,要更好地吸收教学成果,培养个人独立人格,必须在体育教学过程中以教师的引导作用为依托,主动学习、学会学习,把握甚至是创造更多的机会实践所学,并从与教师、学生的沟通中启发智慧,对此需要教师在体育教学过程中积极引导。

(3)促进媒体优化。在设想如何运用体育教学媒体时,需要考虑各种媒体的优化组合。传统教学过程中,过度依靠单一化的媒介会逐渐暴露出很大的局限性,如何使各种媒体的功能作用相辅相成,起到"1+1>2"的效果,以适应现代化教学进程,进而优化课堂质量,实现课堂的智能化、高效率,应当作为教学研究的重点。

(4)多维应用体育教学方法。体育教学方法是体育教师在教学过程中运用清晰、准确的语言,与学生交流信息,或以具体的动作示范,或将完整的知识要点或技能要点分解后进行讲解的方法;也包括学生在教师引导下,根据教学要点反复练习、主动学习的方法。只有兼顾师生的共同作用,并借助媒介辅助作用的体育教学方法,才能推动教学目标与成果的达成。

第二章

高校体育课堂教学组织与教学评价

第一节 高校体育课堂教学的准备内容

体育课的准备,通常称为备课,涉及课前全面的准备工作。备课不仅是编写教案,而是一个多层面的概念。从宏观层面来看,备课包括教材分析、学生分析、教学策略设计、场地与器材规划等各个方面;从微观层面来看,备课则具体体现为教案的编写。教师应深入理解备课的各个要素,为课堂教学打下坚实的基础。

备课是教师思维向实际操作转化的关键过程。体育教师需要具备扎实的学科掌控能力,掌握教育理论与体育教学原理,了解体育课程改革的趋势以及学生的身心发展规律。此外,教师还需对宏观层面的因素有所了解。充分备课是确保课堂质量的前提。

在备课过程中,体育教师需考虑多种影响因素,因为备课本质上是一种"预先设想",而教学实施过程中可能存在不确定因素。备课旨在将教学内容具体化,编排成适合学生学习的过程。备课过程中,教师需根据单元教学设计方案,制定出具体的课堂教学方案。备课是一个不断细化的过程,在此过程中,教师应对课程、学生、教师自身、教材、场地器材等各方面因素进行全面地衡量、分析和评估。因此,教师在备课过程中需掌握一些体育教学基本的、特有的理论和规律。

一、了解学生发展规律

"了解学生"在备课中占据着至关重要的地位。学生不仅是教学的主体,更是学习的主体。教学本质上是师生互动的双边活动,缺乏学生的主动参与,即便教师准备充分,也难以实现教学目标。若备课未充分考虑学生特点,将难以把握合适的教学尺度。教学内容的安排要基于学生的身心发展状态;教学任务的设定应与学生的素质和能力相匹配;教学方法的选取应考虑学生的接受能力;运动负荷的设定则需适应学生的体质差异。

备课过程中,教师必须全面深入了解学生,因材施教。对学生的了解越深入,备课依据越充分,教学针对性越强,教学成效也将越显著。备课是确保教学质量的关键环节,教师通过深入了解学生,能够增强备课的目的性、针对性和实效性,进而优化教学过程,挖掘学生潜力,促进学生全面健康发展。

(一)身体素质发展

大学阶段的学生身体增长的速度逐渐减缓,他们的身高、体重、胸围、肌肉、骨骼都接近成年人的标准。身体发育基本成熟,骨骼已基本骨化。神经系统发育完全,大脑皮质和机能已达到成人水平,兴奋和抑制过程基本平衡,第二信号系统起着重要的调节作用,但神经联系的复杂化和大脑活动的机能仍在日趋完善。

教师在备课时,应该抓住学生身体素质的关键期,有针对性地设计一些身体练习项目或内容,以促进学生身体素质的发展。

(二)人类动作发展

人类动作发展对体育学科的学习来说是非常重要的支撑理论,因为体育学科本身以身体练习为主,在学习技能的过程中,其基础就是动作。因此,教师要了解动作的发展规律、动作的发展特征以及动作的发展序列。教师在备课时,所选择的教材、内容要符合该年龄阶段学生的动作发展规律,并且能够诊断学生动作能力或技能水平是否符合特定年龄段的发展水平以及识别学生动作发展的正常序列,避免动作发展滞后带来的学习和生活障碍。

人的动作发展具有一定的时序性,教师在备课过程中所需选择的教学内容、方法、手段等都应该注意每个阶段学生在动作发展层面上的需求,注重对各时期主要动作的干预教育。

体育学习最重要的就是为后续的发展打下良好的基础,而这一基础就是发展好学生的基本动作技能水平,这样能够更好地为后续的体育学习和锻炼打下坚实的基础。

二、明确学科核心素养

学科核心素养是学科育人价值的集中体现,是学生通过学科学习而逐步形成的正确价值观念、必备品格与关键能力。体育与健康学科核心素养主要包括运动能力、健康行为和体育品德。

(一)运动能力

运动能力是体能、技战术能力和心理能力等在身体活动中的综合表现,是人类身体活动的基础。运动能力分为基本运动能力和专项运动能力。基本运动能力是从事生活、劳动和运动所必需的能力。专项运动能力是参与某项运动所需要的能力。运动能力的具体表现形式如下。

1.体能

体能构成了学生竞技能力的基础,是学生身体机能与体育运动能力的综合体现。体能通常通过力量、速度、耐力、灵活性、柔韧性和协调性等运动素质来表现,是人类基本运动能力的体现,并对运动员的竞技表现具有重要影响。

体育课程中对学生进行体能训练,既是体育学科特性的要求,也是社会对学校体育的期望。一线体育教师虽无法改变社会、制度、环境等宏观因素,但可以通过精心设计体育教学,制定运动项目教学指南,利用体育课堂教学这一平台,有效提升学生的运动技能和体能,为增强学生的体质健康作出贡献。教师应致力于提高体育教学的质量,培养学生终身体育锻炼的习惯。然而,学生在校时间有限,因此家长的角色也至关重要。家长应利用孩子在家的时间,引导和鼓励孩子积极参与体育锻炼,实现课内外体育活动的有机结合,进一步促进学生体能的全面提升。

2. 技术、战术能力

技术更多是针对个人而言的,是指学生对学习的动作内容掌握的程度,而战术则不仅仅是针对个人而言的,对于集体项目来说,战术更多地会涉及多人的协作配合,这体现出学生通过学习后运用技术以及对情境理解的能力。因此,技术、战术能力主要是指学生通过学习和练习后,对相应技术与战术的运用能力,对体育学科来说,这是核心素养中需要培养的重要方面。

3. 心理能力

运动员心理能力即指运动员与训练竞赛有关的个性心理特征以及依据训练竞赛的需要把握和调整心理过程的能力。一方面,在竞技运动训练与竞赛中,运动员的体能、技能、战术能力以及运动智能,都只有在其心理能力的参与配合下,才能得到充分的体现;另一方面,在不同的条件和不同的状况下,心理能力在运动员竞赛能力中的价值也有所不同。不同类型的运动项目对运动员的心理能力有着不同的要求,不同水平的选手比赛时心理能力的作用也不同。

(二)健康行为

健康行为是促进学生身心健康,帮助学生积极适应外部环境的重要综合表现;对于提升健康意识、改善健康状况,逐步形成健康文明生活方式至关重要。健康行为涵盖培养良好的锻炼、饮食、作息和卫生习惯,控制体重,避免不良嗜好,预防伤害事故与疾病,缓解运动疲劳,保持积极心态以及适应自然和社会环境的能力。健康行为的具体表现包括体育锻炼意识与习惯、健康知识的掌握与应用、情绪调控和环境适应能力。

在我国社会经济稳步发展的背景下,青少年接触社会的途径日益增多,部分青少年受到不健康行为的影响,这对他们的健康成长构成了严重威胁。体育锻炼是促进青少年健康行为形成的有效手段之一,因而体育课堂的合理教学显得尤为重要。体育教师应采用有效的教学策略,增强学生对体育课的兴趣,提升课堂效率,培养学生科学参与体育锻炼的意识与习惯,进而促进学生健康行为的养成。

(三)体育品德

体育品德是指在体育运动中应当遵循的行为规范以及形成的价值追求和精神风貌,这对维护社会规范、树立良好的社会风尚具有积极作用。体育品德包括体育精神、体育道德和体育品格三个方面:体育精神包括自尊自信、勇敢顽强、积极进取、超越自我等;体育道德包括遵守规则、诚信自律、公平正义等;体育品格包括文明礼貌、相互尊重、团队合作、社会责任感、正确的胜负观等。

培养学生良好的体育品德是德育的重要内容,也是体育学科所赋予的内在要求,是由其自身的学科特点所决定的。如,对于篮球项目而言,个人技术能力固然重要,但又不能因为注重个人意识,而一味地凸显自己的"实力",忽略团队成员之间的协作和相互配合。即使所有队员的个人能力都很强,也未必能取得最终的胜利。在体育竞技中,既要求参赛队员发挥个人能力,又需要团队的合作。因此,在体育课的预先设计中就应注重学生合作意识的培养,这是体育课程改革中对体育"育人"功能的进一步彰显。

体育课以其独特的身体活动要求,涉及一定的运动负荷。当前,部分学生成长环境被家长过度保护,可能促使学生形成怕苦怕累的心理特征。这些学生往往在体能和意志力方面表现出一定的脆弱性,在面对需要较高耐力、技术难度或身体对抗的体育项目时,可能会感到胆怯和退缩。面对这种情况,体育教师应展现出足够的耐心,采取循序渐进和正面引导的教学方法。教师需要细致地讲解并示范每个动作的要领,同时对学生的每一个进步给予及时的鼓励,帮助学生逐步克服畏惧情绪。通过持续的训练,学生能够积累克服困难的勇气,并逐渐培养起坚韧不拔、勇于担当的意志品质。

为了全面把握体育课程标准,体育教师应该树立新的理念,多进行学习,可以通过参加教研活动、访问专家、阅读学习、搜集科学论文资料等不断思考与提升自我,使自己课前所设计的教学方案更贴近课程标准的理念与要求,为课堂有效教学打下良好基础。

三、解析体育学科教材

从体育学科本身来说,由于体育项目的种类比较丰富多样,所以可供选择的教材也就比较广泛。例如,田径中的跳远、铅球等,球类中的足球、篮球等都有各自的教材。教材是进行教学的基础,是解决"教什么"和"为什么教"的关键,对教师课前准备、科学制定教学策略有重要意义。

(一)教材解析的意义

分析教材是整个备课工作的基础,也是备好课的主要环节。只有把教材"吃准吃透",烂熟于心,才能为备好课提供必要的条件。对教材的理解和分析是备好课、上好课和达到预期教学目的的前提和关键,对顺利完成教学任务、实现教学目标具有十分重要的意义。

(1)对教材的理解和分析有助于教师掌握体育教材的逻辑体系。分析教材有助于教师掌握教材的逻辑体系,尤其是体育学科的学习,它是以身体练习为基础的学科,在动作技能学习上有一定的逻辑性。因此,只有全面熟悉教材、分析教材,清楚前后学习内容之间的关系,才能够把握好教学活动的高效性。

(2)对教材的理解和分析有助于满足学生的发展需求。分析教材能够使教师清楚教材的价值所在,尤其是对于体育教材的分析,可以让教师知道教材的健身功能和教育价值的所在,继而组织编排适用于教学对象的学习内容,最大限度地促进学生的身心发展。

(3)对教材的理解和分析有助于教师科学地设计教学活动方案。分析教材能够了解整个教材的基本内容,清楚教材中各部分之间的结构体系,把握好教材的特点。在分析教材的基础上,选择必要的学习内容以丰富教学内容,促进学生的学习,促使教师对教学活动进行科学的设计,达到教学活动方案的最优化。

(4)对教材的理解和分析有助于全面贯彻和落实课程标准。通过认真钻研教材,全面理解和掌握教材,深刻理解教学目的和教学任务,把知识、能力、情感态度和价值观等培养目标具体化,并把它们合理地内化到整个学期的各单元以及每节课的教学之中。

钻研教材不仅是教师教学工作的重要内容,也是体育教师进行教学研究的一种主要方法,是教师的教学能力和创造性劳动的充分体现,对于教师业务素质和自身素质的不断提高、教育理论知识的加深理解、教学质量的提高都具有十分重要的意义。

(二)体育技能的种类

体育项目的种类繁多,这为教材的选择提供了广泛的空间。教材是教学活动的基础,它决定了教学内容的选择和教学方法的实施,是解答"教什么"和"怎么教"问题的关键。不同类别的运动技能教材在设计和实施教学时采用的教学模式各有差异和侧重点,因此,准确识别动作技能的类别对于实现有效教学至关重要。教师应对体育教材的分类有所了解。

体育学科的学习侧重于具体的运动技能内容。教师应对学生学习的具体运动技能进行细致分析,这有助于教师更好地掌握教材,确保教学设计的科学性。根据不同的标准对运动技能进行分类,可以加深我们对运动技能的理解。特别是这种分类有助于教师深入理解教学内容,进而优化教学计划和方案的设计。

针对运动技能的学习,将运动技能划分为开放式和闭合式两类,是我们认为目前与体育学习特点比较契合的分类方法,这种分类法能够更好地服务于体育教学。以这种分类形式来设计和实施体育教学活动,能够使体育教师更好地理解教材的特点,能够有效地促进学生运动技能的学习。

开放性运动技能主要根据外部环境信息的反馈进行调节,动作结构须根据外部环境变化做出相应调整。运动员在做出技术动作之前要事先判断周围情景的变化,来选择相应的技术动作,即操作的环境线索可预测程度低、不稳定。以足球为例,在运球过程中,必须判断对手的位置、速度、方向以及对手之间的位置、过人空间,才能决定采用何种技术动作绕过防守队员。在这个过程中,对手的各种信息就是情境变化,这一类基于即时情境变化刺激的运动技能称之为开放式运动技能。纵观体育课堂教学的项目,如篮球(不包括罚球)、足球、排球、羽毛球、乒乓球,都是开放式运动技能项目。学习这类运动技能应达到减少开放性或不可预期性的目的,使学习者确切把握环境的变化,具有处理外界信息的能力与对事件发生的预测能力。

根据开放式运动技能的概念,环境的变化性是开放式运动项目技能学习的核心特征,从外界环境变化到动作技能本体应答,这个学习的过程与原理在诸多开放式运动技能中是相通的。据此,可以从本体感知(对手、同伴意图、环境的感知、预判能力)、环境外显特征(动作、器材的变化)、本体决策(瞬时、合理的技术选择)和本体应答行为(合理的动作技术)四个阶段来理解开放式运动技能的形成过程与原理。

开放式运动技能的学习原理并不否认学习基本技术的重要性,而是强调在整体环境交互中学习基本技术。近年来,在开放式运动技能——球类教学中出现了许多新方法,例如领会教学法就是根据开放式运动技能特点产生的。

领会教学法把体育课堂教学的着眼点从传统的强调动作技术的发展调整为培养学生的认知能力、瞬时决断能力及兴趣。将学生认知能力和战术意识的培养作为球类教学的重要内容,将训练学生应对球类运动中的各种复杂情况和突发问题的能力作为教学的关键,并根据学生的实际情况,开展有差异性的教学,因人而异地教授各种技巧动作,最大限度地调动学生的参与度。

领会教学法着重于技术组合的整体性与实用性,倡导教师在传授运动技能时采用整体性的教学思路。教学初期,教师应引导学生参与简化版的比赛(称为基础对抗赛),让学生在实际应用中认识到学习运动技能的重要性,激发"有意义学习"的动机。随后,再进入传统运动技能的学习阶段,进一步加深学生对学习意义的认识,从而提升学习的动力和效率。该方法将技术动作的学习融入攻防对抗的情境中,有助于学生更深刻地理解球类运动的基本规律及不同技术之间的内在联系。通过增加实战中的应用练习,不仅节省了单一技术教学的时间,也促进了学生实践技能与理论知识的有效结合。

而闭合式运动技能在多数情况下主要依靠内部本体感受器的反馈进行调节,动作的方法顺序,即动作操作的环境线索可预测性高、稳定性强;运动员在做出技术动作之前不需要考虑外部情境的变化。以武术套路为例,表演者在做动作之前已经知道下一个动作是什么,只需要考虑动作的准确性、规范性就可以完成技术动作。这类不需要考虑外部情境变化,具有一定指向性的运动项目称为闭合式运动技能项目,如健美操、武术套路、跳高、跳远、铅球等。

闭合式运动技能学习的规律基本上是反复地练习,从而建立对该项运动的一种记忆。这一过程是闭合式技能学习的过程,属于本体感受器所介入的反馈进行调节的动作,完成动作时外部环境在本质上是相对稳定的,要求动作尽可能稳定、精确,如体操、射击、游泳、垒球、铅球等。学习这些技能的关键在于反复练习,直到达到理想的模式和自动化程度。

不同的运动项目有着不同的运动技能特征,根据运动技能结构的不同,将运动技能加以分类,可以使教师的教学更具有针对性,目标更明确。但是,这样按照某一特定标准来划分不能涵盖运动技能的所有特征,同一类型的运动技能仍然存在对学练方法产生影响的差异性特征。

体育运动技能的分类分析对教师理解体育教材和教学内容的差异至关重要。这种理解将影响教师在教学设计过程中的决策,包括内容的编排和教学方法的选择。教师在设计教学时必须深入了解各个项目的特征。以篮球为例,教师应考虑设计多样化的内容组合和练习形式,这些设计应围绕篮球的整体特性,即一项在同一场地内融合进攻与防守的团队运动,而非仅仅关注运球、投篮、传球等单一技术练习。

四、了解学校客观条件

"大学体育是我国体育锻炼的重要组成,为我国实现最终的体育目标起到了非常重要的作用。"[①]体育教学的支持性条件主要包括学校的场地、器材、人员等各种人力、物力资源情况。体育教学的开展必须依赖学校的场地、器材来进行,因此教师在备课的过程中就必须要清楚学校所具备的条件,以便于所设计的体育课能够顺利开展。同时,了解、分析学校的场地和器材,也会为教学资源开发改造提供基础。体育备课时可以通过思考后对学校现有的场地、器材等各种资源进行开发改造,来促进教学。备课也

---

① 苏霞.大学体育课堂教学和训练优化策略分析[J].魅力中国,2020(32):159.

好,上课也好,最终依托的就是学校的物质基础。认真分析学校的客观条件,充分思考所在的外部环境,才能使所备的课具有适宜性。

第二节　高校体育课堂教学的组织与管理

一、高校体育课堂教学的组织形式

高校体育课堂教学组织是体育教学正常有序开展的纽带,良好体育课堂的组织管理是体育教学质量的保证,也是体育教师业务工作的基本内容之一,更是体育教师教学能力的重要内容。体育课堂教学是指在学校规定的一节课中,按照教学计划规定的内容,由专任教师和学生在规定的教学时间及地点进行体育教育和学习活动的过程。

高校在体育课堂教学概念中包含三个规定因素:①规定时间,即体育课堂教学是在规定的时间内进行的(通常每周是按一定间隔时间安排两次课);②规定内容,并有专任教师进行有目的、有计划地规范系统的教学;③规定教学地点,它区别于课外体育活动和学生自由的体育锻炼行为(通常是安排在各种体育场馆内进行的)。

体育课的教学组织形式主要由两部分构成:一是编班教学;二是分组教学。

(一)编班教学

目前我国体育课常用的编班形式有以下三种。

1. 按自然行政班上课

可按原班男女生混合上课,多用于体育教师较少的学校里。

2. 按男女生分班上课

可将同年级若干班级的男女生先分别合起来,再按编班容量分成男生班、女生班分别上课。

3. 按选项模块分班上课

可将具有相同兴趣爱好的学生组成若干个班,再以班为单位分别上体育课。

(二)分组教学

分组教学是把一个班分成若干小组,教师以小组来进行指导的教学组织形式。这种教学既保留了班级教学的长处,又能在一定程度上解决区别对待的问题,即教师可以根据各小组的不同特点进行不同的指导。这种分组通常是以学号、身高等自然因素来进行,也可将学生按照运动能力的原始成绩分成不同水平的小组,教师根据不同小组的实际水平进行教学。每组有指定的小组长,通常起着"小教师"的作用。

1. 同质分组

同质分组是指分组后同一个小组内的学生在体能和运动技能上大致相同。同质分组的方法在教学中通常会自觉和不自觉地得到运用。例如,在田径的跨栏课教学中,我们常设置不同高度的栏架让学生有所选择,经过一段时间的练习,每个学生基本可以选择自己最适合的栏架高度进行练习,这时的分组形式为同质分组。在篮球教学中,常常会将篮球技术水平相当的学生分在一起活动,在田径的短跑课教学中,学生总是要找与自己速度差不多的同学一起跑;在中长跑课的教学中,学生刚跑过第一圈,队伍就已经分成了几个小"集团",这时形成的"集团"就是典型的同质分组。

2. 异质分组

异质分组是指分组后同一小组内的学生在体能和运动技能方面均存在显著差异。异质分组不同于随机分组,是人为地将不同体能和运动技能水平的学生分成一组,或根据某种特别的需要对"异质"进行分组,从而缩小各组之间的差距,以利于开展游戏和竞赛活动。例如,教师可根据需要测试学生某个项目的原始成绩,根据原始成绩,用蛇形排列的方式将学生平均合理地分在各个小组中,此时形成的小组就是典型的异质分组。又如,在练习某一运动项目时,每个小组中男女生的比例相当,然后小组之间展开竞赛,这样的小组也是异质分组。"'异质分组'既能帮助'体育后进生'提高身体素质,强化运动技能,增强克服困难、战胜困难的信心,又能培养'体育优等生'的责任感,全面提升学生的合作交往能力和解决问题的能力。"[1]

同质和异质的含义可以从心理学角度、身体素质角度、学习程度角度、道德品质角度等不同视角来人为区分,在学校体育教学中选择有效的学习方式和方法,从学生个体现有的学习程度来研究。

3.随机分组

随机分组就是按照某种特定的方法或标准,将学生随机分成若干小组。小组成员之间没有共性,小组之间也没有明显差异。随机分组简单、迅速,具有一定的公平性。不足是无法很好地做到区别对待,无法考虑学生的兴趣爱好与体育需求,不能满足学生个性的发展及需要。

二、高校体育课堂教学的管理流程

素质教育的不断深化要求高校体育课堂教学进行相应的革新,这已成为高校体育教学工作者面临的新挑战。课堂教学作为高校体育教学的核心环节,其质量提升的关键在于教学过程的优化。体育教师在教学过程中不可避免地会有所收获,也会存在不足,即便是成功的课程也总有改进空间。因此,不断优化体育教学过程,是实现教学完善的必要途径。

体育与健康课堂教学常规的建立,旨在确保教学工作顺利进行,并对师生的教与学活动提出基本要求,这是学校体育教学管理的重要组成部分。规范化的体育与健康课堂教学常规,对于确立教学秩序、强化课程组织结

---

① 李健,崔成,肖兰,等.体育教学中"异质分组"学习方式的案例分析[J].体育教学,2020(12):39.

构以及加强学生思想品德教育和促进其身心健康发展都具有至关重要的作用。高校体育教学管理流程应涵盖课前、课中和课后三个阶段的常规工作。

(一)课前常规管理

教师课前常规管理包括两点:一是教师的课前准备和教案编写。教师课前应主动与班主任及体育干部约定,及时了解所上体育课班级的学生情况,并根据了解情况认真备课,写好教案。二是场地、器械的准备和清洁卫生工作。应组织指导学生或亲自动手,及时布置和检查场地,准备教具,一切准备工作应在课前准备就绪。

学生在体育课前应充分休息,饮食适度。若因病、伤,女生生理期不能正常上课,课前由体育干部或学生自己主动向教师说明,教师应根据不同情况,分别进行妥善安排。

师生在检查和整理好自己的服装(只能穿运动服、运动鞋)后,应按约定的课前几分钟到达规定的集合地点,等候上课。

(二)课中常规管理

1. 教师课中常规管理

教师在课中的常规管理应涵盖以下几方面。

(1)在体育干部报告之后,教师应向学生明确宣布课程的教学目标、内容要求等教学安排,并指出本节课可能出现的安全问题,随后按计划逐步引导学生进入教学状态。

(2)教师应严格依照教案进行教学,除非特殊情况,不得擅自变更教学计划;在教学过程中应关心和爱护所有学生,适时给予鼓励,与学生共同营造和谐愉快的教学氛围。

(3)注重安全卫生,检查见习生是否遵守相关规定和目标要求,确保教学活动面向全体学生,无一遗漏。

(4)课程结束时,教师应进行课堂小结和讲评,及时向学生反馈课堂表现。同时,提出课后学习要求,预告下一节课的内容,并安排学生进行课后器械归还和场地整理工作。

2.学生课中常规管理

学生课中常规管理包含以下方面。

(1)学生应准时到达指定地点集合上课。上课铃响后,体育干部进行整队,向教师报告班级情况。

(2)学生上课时,要专心听讲,仔细观看教师动作示范和启发引导,并积极思考,分析理解动作要领,有疑难问题及时提出,有机地把大脑思维与动作练习结合起来。

(3)学生须自觉遵守课堂纪律,爱护场地、器械,在教师的引导下,与教师共同学习努力完成体育课的各项目标。

(4)体育课结束时,学生进行自我评价和对他人评价,并协助体育教师归还器械,完成场地整理工作。

(三)课后常规管理

(1)教师要检查学生课后归还器材等工作的执行情况,以保证下节课教学的正常进行。

(2)对缺课的学生,要做好书面考勤记录,并进一步地调查清楚,必要时给予补课或课外辅导。

(3)每次课后,教师应及时进行教学反思,并做好书面总结,如总结经验、提出改进措施等。

第三节　高校体育教学评价、设计评价及实施

一、体育教学评价

体育教学和其他学科一样,是按照规定的教学计划和标准进行的有目的、有组织的教育活动,而体育评价是检验体育教学质量的重要指标,需要教师与学生共同参与,通过制定科学的标准,根据体育学科教学目标,对体育教学活动的过程和效果进行评价。

(一)体育教学评价的分类

1.以评价基准进行划分

(1)绝对评价。绝对评价是一种根据既定的体育教学目标对教学设计方案、教学过程和学习成果进行的评价方法。它将评价标准设定在被评价对象所属群体或集合之外,通过将每个成员的特定指标与这一基准进行比较,来判断每个成员的表现水平。

绝对评价的标准具有相对稳定性和客观性,使得教师能够获得更为客观的评价反馈。学生不仅可以通过这种评价了解自己的学习状况,还能清晰地认识到自己与既定客观标准之间的差距。这有助于学生根据评价结果与客观标准调整自己的学习方法,从而实现自我提升。绝对评价的优势在于其能够对学生和教师产生促进作用,帮助他们识别和弥补不足。然而,绝对评价也存在局限性,主要表现在评价标准的确定上可能存在困难,且可能受到主观意愿的影响。

(2)相对评价。教学评价中的相对评价指在评价教学活动之前,需要将被评价对象中的一个个体设置为一定的评价基准,将其他评价个体逐一与

评价基准进行对比,以确定评价个体自身的相对位置,判断评价集体中每一个评价个体的相对优劣程度。一般来说,教学相对评价的基准是集体的评论水平,之后比较每一个评价个体所处的位置,如体育锻炼标准的达标、体质评价等。

相对评价具有一定的优势,教师能够从中了解学生的总体情况,也能够了解不同学生之间的学习差异,具有适用性强的特点。但是,教学相对评价也有一定缺点,因为相对评价需要建立一定的评价基准,而评价基准是不断变化的,所以教学评价很容易与教学目标偏离。

(3)自身评价。除了相对评价与绝对评价,自身评价也是教学评价的重要部分。这一评价类型主要是为了适应不同个体的差异性要求,不同的被评价个体,其学习情况各不相同,存在一定差异,为了更加高效地对每个个体进行科学评价,必须通过自身评价了解被评价个体的自我认知。

2.以评价内容进行划分

(1)过程评价。体育教学活动中的过程性评价,主要聚焦于对教学环节设计的评估,以验证这些环节是否满足体育教学目标的要求。过程性评价在体育教学中尤为重要,它涉及对课堂上为促进学生逐步掌握体育知识和技能而设计的各种体育竞赛、游戏和活动的评估。

过程性评价关注学生在学习体育技能过程中的学习方法和掌握程度,这通常需要体育教师的指导。在指导过程中,教师会采用针对性的教学方法,帮助学生更高效地掌握技能。过程性评价不仅能检验教学方法的有效性,也是对整个教学和学习过程的一种总结性评价。

(2)结果评价。与总结性评价相类似,结果评价是对体育教育成果的评价,在体育教学活动完成之后,针对教学成果进行评价,是对学生各方面能力的一种判断,学生和教师都能够从中获得一定反馈。

3.以评价方法进行划分

(1)定量评价。定量评价是体育教学评价的重要方法。定量评价是对教学活动在"量"方面的评价，这一评价方法运用通常与数学有关的方法进行检验，如统计分析、多元分析等方法。定量标准有利于提高评价结果的精确性和客观性。此外，定量评价需要在一定的数据基础上进行分析，并得出规律性的结论。

（2）定性评价。定性评价作为一种重要的评价方法，评价标准主要是指标体系中各种规范化行为的优劣程度。在体育教学评价中，定性评价一般以评语的方式表现。

4. 以评价功能进行划分

（1）诊断性评价。诊断性评价一般是在教学活动开始前进行评价，通过对被评价个体的学习情况进行鉴定，对教学计划的顺利、有效实施进行测定性评价，这一评价又被称为前置评价。在体育教学前期，通过对前期教学情况进行评价，对学生的学习水平、学习基础、学习态度等进行全面诊断，可以对学生的学习情况有一个大致了解，并与体育教学目标相结合，之后根据诊断性评价结果进行体育教学内容的设计，并进行教学决策。

诊断性评价一般在课程、学期、学年开始或教学过程中进行，能够对学生的学习程度进行了解，教师可以据此更加有针对性地设计教学方案。

（2）形成性评价。形成性评价与诊断性评价不同，形成性评价是教学过程中的评价。"在体育单元教学中，对学生的学习情况进行的即时评价，相对于一学期的体育学习结果评价，具有过程性或形成性评价的属性，即强调评价的反馈功能，对学生的学习过程进行评估，并及时反馈给学生，从而实现对教和学的有效调控。"[①]体育教学设计活动中进行的评价主要是形成性评价。在教学过程中，通过对教学目标和教学内容进行过程性评价，并对教学活动各个要点的层次关系进行分析，对学生的学习进展情况进行及时了解，教师也能够从中了解体育教学的成效，为教师进一步教学提供根据，

---

① 王甲寅.体育单元教学中的形成性评价[J].小学教学参考,2013(21):81.

通过及时分析评价结果,教师可以更好地调整和改进体育教学工作,巩固教学成果,同时有利于进一步完善教学活动,保证教学目标得以实现。

形成性评价主要是为了改进、完善教学过程,有利于学生所学知识的复习巩固,确保他们掌握并为后期学习奠定基础。

(3)总结性评价。总结性评价与诊断性评价相对。诊断性评价是前置评价,而总结性评价是后置评价,是在体育教学一个阶段结束后的评价,注重考查学生掌握某门学科的整体程度,评价的内容较广。

总结性评价是对学生一个阶段学习成果的检验,如学生对体育知识以及技术的掌握程度是否与体育教学目标相一致。此外,总结性评价不仅是对学生学习成果的检验,也是对教师教学成果的检验。

(二)体育教学评价的原则

体育教学评价是一种以教学目标为标准,对学生和教师进行系统化、综合性评估,并不断发展、不断完善的体系;对于提升教师的教学质量,增强学生的学习能力和独立思考能力有重要的参考价值。体育教学评价同样需要完善的规则制度作为标准指导体系的完善,而完善的规则制度必须具备以下原则。

1.科学性原则

在体育教学评价中,应注重从评价程序和方法以及评价目标入手,进行科学设计和安排评价标准,尊重客观规律,做到从实际出发,避免教学过程中的盲目跟风、经验主义,进而提高体育教学过程的科学性、合理性、严谨性,提升教师的教学质量。

要做到科学性,可以从以下三个方面入手。

(1)端正态度。如果在体育教学评价过程中质疑科学,盲目迷信个人经验,甚至是以个人直觉作为做出决策的依据,必然会导致不良后果。

(2)科学方法。科学的方法是体育教学评价沿着正确、合理的方向发展的重要途径,直接影响评价结果的公正、公平。

(3)健全体系。建立健全的、合理的评价体系,才能合理安排和设置课程内容,实现理论与技能的双重教学。

2. 客观性原则

客观性,亦称真实性,与主观性相对立,指的是事物客观存在的属性,不受个人主观意志的影响。在体育教学评价中,坚持客观性原则至关重要。这要求教学评价必须基于实际存在的资料,保持实事求是的态度,对体育教学的实际成果、教师的教学质量以及学生的学习质量进行客观公正的评价。评价过程中应避免主观臆断和个人情感的干扰,以确保评价的有效性和准确性,避免评价沦为个人情感的表达工具,或导致错误的策略调整。

为确保教学评价的客观性,可从以下三个方面着手。

(1)态度客观。评价者应保持中立的立场,对被评价对象进行公正的价值判断。

(2)方法客观。评价应采取多元化的内容、方法和主体,全面、多角度地收集资料,并制定适用于所有被评价者的评价方法。

(3)标准客观。评价应尊重被评价者的个体差异,制定客观的评价标准,以适应不同群体的实际情况。

3. 全面性原则

全面性原则要求在进行体育教学评价时,把被评价对象作为一个有机统一整体看待,对其全面考查和描述,既要肯定取得成效的一面,又要看到存在的问题。

贯彻全面性原则,可以从以下三个方面入手。

(1)充分考虑各个评价对象。体育教学评价的对象既包括教师的教学质量,又包括学生的学习质量以及双方在教学过程中的良性互动和结果,这些内容构成体育教学活动的过程。只有充分考虑各个评价对象,才能避免制定评价体系时陷入片面化的误区。

(2)兼顾主次矛盾。主要矛盾在体育教学过程中占据主导地位,对整个过程发展起决定作用,所以对主要矛盾的重点关注十分必要,当然也不能忽视影响体育教学的其他因素。

(3)有效结合定性评价和定量评价。只有把二者有机结合,使之相辅相成,才能全面评价体育教学成果。

4.可行性原则

可行性原则要求教学评价应基于具体的教学实际情况,确保评价内容、方案、指标和方法等切实可行,而非脱离实际的空想。

为贯彻可行性原则,需关注以下三个方面。

(1)设计简便易行的指标体系和方法技术,既确保清晰明了,便于被评价对象自我认识和自我纠正,又确保便于实施和监督。

(2)确立科学合理的评价项目及其等级划分,避免因项目过多导致被评价对象感到不可达,或因项目过少而无法达到评价的预期效果。

(3)制定适应体育学科特色的评价指标,考虑到不同学科具有不同的特色和需求,应尊重体育学科的发展规律,制定符合其特色的评价标准。

5.一致性原则

统一思想、统一方法、统一目标、统一标准是进行体育教学评价的重要前提,只有坚持同样的标准进行评价,才能区分被评价对象的优劣,进而找到适应不同被评价对象的改进方法,只有同样的标准,才能让评价变得有理有据。在体育教学评价过程中,对教师和学生提出统一的评价标准和指标,实际上是给他们提出具体的奋斗目标和要求,这些指标在教学活动中不能因为不同学校的硬件设施、师资力量、校园环境等因素而变化。

6.激励性原则

在体育教学评价过程中,通过评价对象的语言、情感和恰当的教育教学方式,给被评价对象不同层次的肯定和认可,使之在心理上获得自信,进而改善不足、促进发展,这种原则被称为激励性原则。贯彻激励性原则,有两方面不容忽视:首先,要确保评价结果的公平、公正、公开;其次,要秉持"理论联系实际,注重事实"的原则,尊重被评价对象的个性和可能性,使其愿意接受评价结果。

二、高校体育教学设计评价及实施

针对体育教学设计做出的评价是体育教学设计评价。对教学设计结果检查的过程,也就是对体育教学方案进行检查和完善的过程。在正式将体育教学设计方案推行之前,先试用一段时间,以便了解设计方案的不足、实用性和具体实施情况等。如有缺陷,则可予以修正,再试用,再修正,直到满意,以提高体育教学设计的质量,保证获得最优的体育教学效果。

体育教学设计评价是体育教学设计过程中至关重要的环节。从宏观角度来看,它应涵盖对学段体育教学计划、学年体育教学计划、学期体育教学计划、单元体育教学计划以及体育课教学设计的评价与效果质量的评价。然而,在实际操作中,体育教学设计评价往往重点关注体育课教学设计的评价,而对其他层面的教学计划设计评价则容易被忽视。这种状况随着体育教育工作者对体育教学工作计划重要性认识的提升而逐步得到改善。

对体育教学设计进行评价,即在方案完成后进行诊断性评价。在实施方案前,需要对其进行细致检查,确保方案无误,特别是从思想层面进行审查,如体育教学的指导思想是否恰当,教材内容的选择是否科学,内容安排是否满足学生的学习需求、符合学生当前阶段的特点,是否有利于学生的生理发展以及是否充分考虑了学生的心理发展特点。预先对教学方案进行总体评估,旨在确保教学方案的顺利实施,避免不必要的人力和物力损失。

完成诊断性评价后,还需要进行形成性评价。形成性评价可以综合多种评价方式,比如过程评价、结果评价、定性和定量评价等。教学设计方案的最后一步评价是总结性评价,可以经过试用后进行总结评价,也可以将不同的评价方式综合起来。体育教学设计方案的形成性评价,主要评价的是体育教学设计方案在制定和试用阶段的实用性和有效性。

(一)体育教学设计评价的意义

对体育教学设计的评价是从对体育教学设计方案的评价开始。对体育教学设计方案进行评价的意义有以下五点。

(1)帮助教师对体育教学过程有全面的认识和了解。

(2)帮助体育教师熟悉体育教学设计的过程和具体实施步骤。

(3)在实施体育教学方案之前对其进行检查,不断完善,以保证后期教学的正常进行,为学生提供高质量的体育课程。

(4)可以检验体育教学方案是否完整、科学合理。

(5)可以不断更新体育教学设计理论,促使其更好地发展。

(二)体育教学设计评价的方法

(1)设计者进行检查和评价,按照体育教学的相关要求进行检查,将需要完善的方面整理出来,并进行反馈。

(2)邀请其他体育教师对体育教学方案进行评价。可以让有经验的体育教师结合自身工作实际和体育教学要求,分析体育教学方案的合理性和可实施性,为设计者提供修改意见。

(3)邀请体育教学理论和实践方面的专家对体育教学方案进行评价,在理论和实践方面为设计者改进方案提供指导。

(三)体育教学设计评价的实施步骤

1.制定评价标准

评价标准的制定可以采用百分比、等级制等。在制定评价标准时应当尽可能地采用定性和定量相结合的方法。为评价某一动作技能的掌握情况,可让学生单独展示所接受的动作技能。如果学生在独立的状态下,能够顺利演示学习的动作技能,则可以认为学生的技能掌握是有效的。

2.选择评价方法和工具

评价方法的选择对于收集教学反馈至关重要。常用的评价方法包括测试、调查和观察。

(1)测试是一种系统程序,它通过特定的器材和方法,设定项目或试题,对学生的行为样本进行测量。测试特别适用于收集有关体育与健康领域认知目标的信息。

(2)调查包含问卷法和访谈法两种主要形式。问卷法通过书面形式向学生提出问题,并从学生的答卷中收集信息。访谈法则是通过与学生进行个别交谈或集体座谈来获取信息的方法。

(3)观察是一种为了特定评价目的,在现场记录所观察到的现象,以获取必要资料的方法。在进行观察前,应准备好观察所需的表格和记录工具,并明确观察的内容,确保评价活动具有针对性和效率。

3.收集设计资料

(1)向体育教学方案的设计者收集资料。在开始教学前,应向体育教学方案设计者说明情况,即评价方案的目的是更好地了解方案的质量而非设计者本人的能力,设计者本人不必紧张和焦虑。

(2)通过观察教学收集资料。使用教学方案的过程中,需要安排专人对整个教学过程进行观察并记录,记录的内容包括:①进行每一项体育教学活动所需的时间;②教师在教学中如何指导学生、开展各项教学活动;③学生提出的问题主要集中在哪些方面;④教师对于学生的问题是怎么解决的;⑤学生在学习过程中的表现,学习是否主动、有无认真听教师讲解;⑥学生的知识掌握情况。

(3)通过测试和问卷调查收集资料。体育教学设计方案一般会先试用一段时间,试用后对其进行测试或通过问卷调查的形式进行评估。测试可以得到学习者的成绩,问卷调查主要是相关人员反馈自己对教学的意见。测试卷和问卷调查一般分开进行,在体育教学方案试用结束后开始。如果为了了解体育教学设计方案对体育健康知识和动作技能等方面的作用,测试和问卷调查应该推迟一段时间进行。

4.观察数据确定问题

分析观察通过测试和问卷调查所获取的信息。具体做法是:对照相关要求,将所获得的数据与之对比,观察两者之间的差距。通过分析、对比发现其中存在的问题,然后对这些问题进行分析,找出问题产生的原因并改善。

5.形成评价结果

评价完成后,需要把对体育教学方案的评价等情况以书面形式呈现出来。形成性评价的内容主要包括:①体育教学设计方案的名称;②体育教学设计方案试用时遵循的原则;③体育教学设计方案适用的具体范围;④使用过程中需要注意的问题;⑤设计方案在评价时的侧重点;⑥对体育教学设计方案的总体评价;⑦设计方案存在的问题及需要完善的地方;⑧对教学设计进行评价的人员姓名和职称;⑨评价体育教学设计所用的时间。除了要提交评价书面报告,还需要提交评价数据表、采访相关人员得到的反馈、分析说明等。

第三章

"学练赛评"教学模式及其意义

第一节 "学练赛评"教学模式的内涵阐释

"学练赛评"教学模式是一种基于学生自主参与和主动学习的教学模式,其核心理念是以学生为主体,以活动为载体,以实践为基础。该模式通过整合学习、练习、比赛和评价四个环节,促进学生体育知识、技能和情感的全面发展。"体育教师可以在体育教学中采取'学,练,赛,评'一体化教育方式,让学生做到学中练、练中赛、赛中评、评中学,实现对学生体育素养的培育"①。

一、"学练赛评"教学模式各环节的内涵

(一)"学"的内涵

"学"是指学生在教师讲解示范或引领下进行的体育运动技术的学习。学生在教师的主导下,有目的、有计划地进行学习,实现从无到有、从生疏到

---

① 楼文亮.高中体育"学,练,赛,评"课堂教学模式建构[J].中学课程辅导(教师通讯),2021(17):28.

熟练、从不会到会的转变。此过程不仅包含教师的教学能力因素,也强调学生的领悟能力。

(二)"练"的内涵

"练"是指体育教学中学生在教师的组织引导下,采用多种形式有效练习方法,围绕技能学习与体能发展进行练习。这一过程是学生对体育知识技能内化吸收的过程,达成运动技能目标掌握的关键环节。通过合理组合单一身体练习,学生在组合练习中进一步巩固所学的技术动作,同时发展技能和体能。

(三)"赛"的内涵

"赛"是指在体育课程学习中学生进行的各种比赛,包括单人的比赛、集体合作的比赛等。比赛是学生将所学技能应用于实践的重要平台,也是检验体育学练效果的重要手段。通过比赛,学生可以在真实场景中展示自己本节课所学习的技术技能,激发学习热情,促进技能的提升。

(四)"评"的内涵

"评"是指教师或学生对学生或同伴进行学习的过程性评价或终结性评价。评价内容涵盖体育运动测试、学生体质健康等方面。通过评价,教师可以及时了解学生的学习情况,调整教学策略。学生可以了解自己的掌握情况,明确努力方向。评价在"学练赛评"教学模式中起着督导作用。

二、"学练赛评"教学模式的特点

(一)主体性

"学练赛评"教学模式的核心在于强调学生的主体地位。这一特点意味着在教学过程中,学生不再是被动地接受知识,而是成为学习的主体,积极参与到教学活动的各个环节。教师则扮演着引导者和支持者的角色,通过激发学生的学习兴趣和主动性,帮助他们构建知识体系,掌握运动技能。

这种主体性的强调,不仅有助于提高学生的自主学习能力,还能培养他们的创新意识和实践能力。

(二)实践性

"学练赛评"教学模式注重学生的实践操作和体验。体育运动本身就是一种实践性很强的活动,只有通过不断的实践才能真正掌握运动技能。因此,该模式通过设计多样化的练习和比赛环节,让学生在实践中感知、体验和掌握运动技能。这种实践性的教学方式,能够加深学生对运动技能的理解和记忆,提高他们的运动技能水平。同时,实践操作还能培养学生的团队合作精神和竞技意识,提升他们的综合素质。

(三)互动性

"学练赛评"教学模式强调教师和学生之间、学生和学生之间的积极互动。在教学过程中,教师通过与学生的交流、指导和评价,及时了解学生的学习情况,调整教学策略。同时,学生之间也可以通过合作、竞争和互助等方式,共同促进学习活动的开展。这种互动性的教学方式,有助于营造积极的学习氛围,激发学生的学习热情,提高教学效果。

(四)完整性

"学练赛评"教学模式将学习、练习、比赛和评价四个环节紧密衔接、相互配合,形成一个完整的教学体系。在这个体系中,每个环节都扮演着不可或缺的角色,共同推动着教学活动的进行。学习环节是基础,为后续的练习和比赛提供知识和技能支持;练习环节是巩固和提高,通过不断的练习加深对运动技能的理解和掌握;比赛环节是应用和检验,让学生在真实场景中展示所学技能,检验学习效果;评价环节是反馈和调整,通过评价了解学生的学习情况,为后续的教学提供改进方向。这种完整性的教学方式,有助于确保教学活动的系统性和连贯性,提高教学效果。

第二节 "学练赛评"教学模式的理论基础

"学练赛评"教学模式是一种综合性的教学策略,它将学习、练习、竞赛和评价四个关键环节融合在一起,旨在促进学生能力的全面发展。

一、教育心理学理论

教育心理学理论在"学练赛评"教学模式中的应用,不仅深化了对学生学习过程的理解,而且为教学实践提供了科学指导。该理论强调学习是一个多维度的心理活动,涉及认知、情感和行为等多个层面。在这一模式下,教师通过深入分析学生的心理特点,设计出符合学生发展阶段的教学活动,以促进学生认知结构的构建和情感态度的积极转变。教师运用心理学原理,如马斯洛的需求层次理论、维果茨基的最近发展区理论等,来激发学生的好奇心和探索欲,满足他们对于知识掌握和自我实现的需求。此外,教师还关注学生的情感体验,通过建立积极的师生关系和创造支持性的学习环境,帮助学生建立起自信心和自我效能感,从而促进学生以更加主动和投入的态度参与到学习中来。这种以学生为中心的教学设计,能够有效提升学生的学习兴趣和参与度,进而提高教学效果,实现学生的全面发展。

二、教学设计理论

教学设计理论为"学练赛评"模式提供了系统化的教学规划方法。它涉及对学习目标的明确设定、教学内容的合理组织、教学方法和媒体的选择以及教学评价的设计。通过精心设计的教学活动,学生能够在结构化的环境中进行有效学习,同时,教学设计理论还强调教学活动的灵活性和适应性,以适应不同学习者的需要。

三、评价理论

评价理论在"学练赛评"模式中发挥着至关重要的作用,它不仅考查学习成果,更深入地洞察学习过程本身。该理论指导下的形成性评价,允许教师在教学过程中实时获取反馈,及时调整教学方法和内容,以适应学生的个别差异和需求。总结性评价则在教学周期的末端进行,旨在全面评估学生的学习成果,为学生提供自我反思的机会,明确自己的学习成就和存在的发展空间。这种评价机制的实施,有助于构建一个持续改进的教学循环,促进教育质量的不断提升。

四、社会文化理论

社会文化理论在"学练赛评"模式中的应用,深化了学生对学习作为社会性活动的理解。这一理论框架强调,知识并非孤立于个体内部,而是在社会互动和文化参与中逐渐形成和发展的。个体通过与他人的交流和合作,内化社会规范和文化价值,形成认知框架,并在此过程中构建自己的知识体系。

在"学练赛评"模式中,教师的角色转变为学习活动的组织者和促进者,他们创造一个开放和包容的学习环境,鼓励学生之间的对话和互动。通过小组合作学习,学生不仅能够相互学习、相互启发,还能够在交流中发现不同的观点和解决问题的多种途径。这种合作学习的过程,不仅促进了学生对知识的深入理解,也培养了他们的社交技能和团队协作能力。

此外,社会文化理论还强调了学习活动的文化嵌入性。"学练赛评"模式认识到学习是在特定的文化和社会背景中发生的,因此,教师在设计教学活动时,会考虑到学生的社会文化背景,将学生的生活经验和文化知识融入教学中。这种做法有助于学生建立学习内容与现实世界的联系,使学习更加有意义和贴近生活。

同时,社会文化理论还指出,学习是一个动态的、不断发展的过程。在"学练赛评"模式中,教师鼓励学生在不断的实践中反思和调整自己的学习策略,以适应不断变化的学习任务和环境。通过这种反思性学习,学生能够逐渐形成独立的思考能力和自我调节能力,为终身学习奠定基础。

五、认知负荷理论

认知负荷理论在"学练赛评"模式中的应用,要求教师在设计教学活动时,必须考虑到学生的认知负荷。教师需要精心设计教学内容和活动,避免信息过载,确保学生能够在自己的认知能力范围内有效地处理和吸收新知识。通过合理的任务分配和逐步增加难度,教师可以帮助学生逐步建立起复杂概念的认知结构,促进深层次的理解和应用。这种对认知负荷的考虑和调控,有助于提升学生的学习效率和质量。

六、结构主义和建构主义理论

结构主义和建构主义理论在"学练赛评"模式中发挥着至关重要的作用,它们共同强调了知识结构的内在逻辑和学习者在知识获取过程中的中心地位。结构主义理论认为,知识具有固有的、层次化的结构,而有效的教学应当揭示这种结构,帮助学生理解学科的基本原理和概念。在"学练赛评"模式中,教师精心设计课程内容,确保学习材料体现知识的层次性和系统性,使学生能够逐步建立起对学科结构的深刻理解。

建构主义理论进一步强调了学习者的主动性,认为知识不是被动接受的,而是学习者在特定情境中通过活动、体验和社会互动构建出来的。"学练赛评"模式鼓励学生通过实践活动、问题解决和反思性对话来构建自己的知识体系。教师在此过程中扮演着促进者的角色,通过提问、引导和反馈,激发学生的思考,帮助他们将新知识与已有知识相联系,形成更加丰富和深入的理解。

此外,"学练赛评"模式还注重学习过程中的个性化和差异化。结构主义和建构主义理论都认为,每个学习者都有自己独特的认知结构和学习风格。因此,教师需要根据学生的个体差异,提供多样化的学习路径和资源,支持学生在自身水平和兴趣的基础上进行知识构建。通过这种方式,"学练赛评"模式不仅促进了学生对知识的深入理解,也培养了他们的批判性思维、创新能力和终身学习的能力。

通过整合这些理论基础,"学练赛评"教学模式能够为学生提供一个全面、互动和持续的学习环境,不仅促进知识的掌握,更重视能力的发展和个性的培养,为学生的终身学习和全面发展奠定基础。

第三节 "学练赛评"教学模式的重要意义

一、提高学生学习兴趣和参与度

"学练赛评"教学模式深刻认识到学生主动参与学习过程的重要性,它通过将学习与实践相结合,为学生提供了一个互动和体验的平台。在这种模式下,学生被鼓励走出被动接受知识的局限,转而成为知识探索的主体。通过参与各种学习活动,学生能够将抽象的理论知识转化为具体的实践技能,这种转化过程不仅加深了学生对知识的理解,也增强了学习的现实意义。

该模式下的学习活动设计充分考虑了学生的兴趣和需求,通过多样化的教学方法和丰富的学习资源,创造出富有吸引力的学习情境。例如,通过案例研究、角色扮演、模拟实验等互动式学习活动,学生能够在模拟的或真实的情境中应用所学知识,这种应用过程能够极大地提升学生的学习兴趣。

此外,"学练赛评"模式中的评价机制不是单一的考试成绩,而是一个全面、持续的过程性评价。这种评价不仅关注学生的知识掌握程度,更关注学生在学习过程中的表现和进步。通过及时的反馈,学生能够清晰地认识到自己的优势和需要改进的地方,这种认识有助于帮助学生建立自信,调整学习策略,从而更加积极地参与到学习中。

二、促进学生的自主学习和价值观培养

"学练赛评"教学模式的核心在于确立学生的主体地位,通过赋予学生更多的选择权和自主权,激发他们内在的学习动力。在这种模式下,学生不再是被动的知识接受者,而是学习过程的积极参与者和自我驱动者。教师的角色转变为引导者、协助者和促进者,通过设计开放性问题和探究性任务,引导学生主动思考和深入探究,从而锻炼学生的批判性思维和独立解决问题的能力。

此外,"学练赛评"模式还强调价值观的培养。在学习和实践的过程中,学生不仅学习知识和技能,更学会如何做人、如何与他人合作、如何面对挑战和困难。教师通过教学活动的设计,将社会责任感、团队合作精神、坚持不懈的态度等价值观融入学生的学习过程中,帮助学生形成正确的世界观、人生观和价值观。

三、提高教学质量和效果

"学练赛评"教学模式通过练习和评价的方式,为教师提供了及时了解学生学习情况的途径。通过形成性评价,教师能够及时获取学生的学习反馈,了解学生的学习进度、掌握情况以及存在的问题。这些信息对于教师调整教学策略、改进教学方法具有重要意义。

同时,"学练赛评"模式还强调教学的针对性和有效性。教师根据学生的学习情况,设计个性化的教学方案,满足不同学生的学习需求。这种针对性的教学,能够提高学生的学习效果,提升教学质量。

四、促进学生的全面发展和个性发展

"学练赛评"教学模式注重学生的全面发展,不仅关注学生的学科知识学习,更关注学生的实践能力、创新能力和个性发展。在这种模式下,学生有更多的机会参与实践活动,如实验、调查、制作等,这些活动能够锻炼学生的实践能力和创新能力。

同时,"学练赛评"模式还强调学生个性的培养。每个学生都有自己独特的个性和特点,教师通过了解学生的兴趣和特长,设计个性化的教学方案,鼓励学生发挥自己的优势,发展自己的特长。这种个性化的教学,有助于学生形成独特的个性和风格,促进学生的个性发展。

五、完善体育教学的价值与目标

在体育课程教学中,"学练赛评"教学模式的实施,突破了传统体育教学的局限,将体育教学的目标从单一的运动技能训练扩展到学生的全面发展。这种模式不仅关注学生的运动技能和身体健康,更关注学生的心理健康和社会适应能力。

通过"学练赛评"模式,体育教学的目标更加全面和多元化。学生在体育课程中,不仅学习运动技能,更学会参与运动、与他人合作、面对挑战和困难。这种教学模式有助于培养学生的运动参与意识、团队合作精神、坚持不懈的态度等,促进学生的身心健康和社会适应能力的发展。

六、提升日常的教学效果

在日常的教学过程中,"学练赛评"教学模式有利于提升日常的教学效果。当教师在课前设计教案时,可以围绕学生的"教会""勤练""常赛""技术掌握评定"进行,无论是知识的讲解还是动作要领的示范,都更加简单易懂,有利于增强学生对于体育的认知,提升学生课堂学习的主动性。

第四章

体育教学中"学练赛评"模式的构建

第一节 "学"的策略与实施

一、自主学习能力的培养

(一)学生层面的培养策略

1. 强化学习规划意识,培养自我定向能力

(1)强化学习规划意识。在体育教学中,学习规划意识的建立是学生能否有效管理自己学习过程的关键。学习规划不仅包括设定学习目标和制定学习计划,更重要的是学会根据实际情况进行调整和优化。体育教学中的学习规划意识,体现在学生能否明确自己在体育技能、体能和健康等方面的学习目标。制定具体可操作的学习计划,能够帮助学生有条理地安排训练时间和内容,合理分配精力,从而提高学习效率。另外,学习规划意识还包括学生能否根据实际情况及时调整和改进自己的学习策略。在体育教学中,这一点尤为重要,因为运动项目的特性决定了训练过程中可能会遇到各种挑战和难题。举例来说,如果学生在某项技术训练中遇到了困难或者感

觉效果不佳,他们能够及时调整训练内容或者寻求教练的指导,以确保训练的有效性和学习的持续性。这种能力不仅有助于提高学习成效,还能够培养学生在面对挑战时的应变能力和解决问题的能力。

(2)培养自我定向能力。自我定向能力指的是学生在学习过程中能够自主地设定目标、调整行动方向和管理自己的学习进程的能力。在体育教学中,这种能力不仅仅体现在技能的提高上,还包括学生在体育活动中的自我管理和自我激励能力。

1)学生需要具备自我设定目标的能力。这不仅仅是关于技术水平的目标,还包括个人发展和健康管理方面的目标。例如,有的学生可能希望通过参与体育活动来提高自己的团队合作能力,有的可能更关注体育锻炼对健康的长期影响。通过设定具体、可操作的目标,学生可以更有动力和方向感地参与体育教学活动。

2)自我定向能力涉及学生在学习过程中能否独立分析和评估自己的表现以及调整学习策略和方法。在体育训练中,这意味着学生需要准确地判断自己的体能状况、技术水平和训练效果,从而及时调整训练强度和方式,确保训练的科学性和有效性。例如,学生在长时间的训练后可能感觉疲劳或者出现某些不适,他们能够识别这些信号并及时调整训练计划,避免过度训练带来的身体伤害和学习效果的下降。

3)自我定向能力涉及学生能否有效地管理自己的学习和训练进程。这包括时间管理、资源利用和情绪调控等方面。在体育教学中,学生能够合理安排训练时间,高效利用教练和同学的资源,并保持积极的学习态度和情绪状态。这种能力不仅有助于提高训练效果,还能够培养学生在日常生活和工作中的自我管理能力,为其未来的成长和发展打下坚实的基础。

2.充分应用学习资源,提高应用学习策略能力

在当今信息化快速发展的时代背景下,体育教学领域也迫切需要大学生充分应用学习资源,以提升其在体育教学实践中的应用学习策略能力。

随着互联网技术的全面普及和在线教育平台的发展,大学生可以更便捷地获取和应用各类体育教学资源,这不仅为他们的学习提供了便利,也拓展了教学方法和资源的多样性。

(1)积极利用各种学习资源。现今,体育教学不再局限于传统的教科书和课堂讲解,而是通过在线视频教学、虚拟实验平台等多种途径,向学生展示体育运动技能的实际应用和理论知识的深度。通过这些资源,学生能够在更丰富的环境中学习和实践各种体育技能,提升其在实际运动中的教学能力和指导水平。

(2)了解学生的需求和优势。教师应当根据学生的学习风格、体质特点以及个人兴趣,有针对性地选择和应用适合的教学资源和方法。通过深入了解学生的学习优势和挑战,教师可以更好地设计个性化的教学方案,帮助学生在体育运动中实现自我提升和发展。

(3)加强自我管理和时间规划能力。充分应用学习资源,提高应用学习策略能力也需要大学生加强自我管理和时间规划能力。具体如下:

1)制定详细的学习计划,并根据个人情况设置合理的学习目标、任务和时间节点。

2)大学生需要加强自我监控和反思,及时发现并纠正自己的不足和问题,从而提高学习效果和质量。

3)具备良好的时间管理能力。大学生可以采用各种科学有效的时间管理方法,如番茄工作法、时间矩阵法等,从而更好地安排自己的时间。

3.端正学习态度,提高自我监控能力

体育教学不仅要求学生掌握专业知识和技能,还需要他们在实际运动中展现出自主性和创造力。端正学习态度意味着学生应该以积极的姿态对待每一个学习机会,深入理解体育运动的理论基础,并通过系统的学习方法提升自己的实践能力。同时,提高自我监控能力使学生能够及时发现和纠正在体育运动中的不足之处,从而不断改进自己的技能和表现。这种能力不仅有助于学生在体育课程中取得更好的成绩,还培养了他们在竞技场上处理挑战和压力的能力。因此,端正学习态度和提高自我监控能力对于体育教学的有效展开和学生自身成长具有深远的影响,为其未来的专业发展奠定了坚实的基础。

(1)设定明确的目标和计划

1)明确自己的优势与不足,大学生应该在制定目标和计划之前,认真审视自己的实际情况,了解自己的优势、不足以及需要提升的技能和知识。

2)制定可行的计划,通过分析自己的时间和任务,制定一份详细可行的计划,在计划中需要包括时间安排、学习方式、复习方法等内容。

3)推动自己坚持计划,在执行计划过程中,需要时时调整自己的状态和行动来保证完成计划。

(2)学会优先处理重要的任务

1)区分紧急和重要,紧急未必重要,重要但并不紧急的任务也需要被列入优先考虑范围,这样才能够避免出现将时间放在低重要度或者低紧急度的任务上而浪费时间。

2)保持注意力和集中精神,在处理任务时,要保持高度的专注和精神集中,这样有助于提高工作效率和质量。

3)多做总结,每天结束时,可以对当天的任务和工作进行回顾和总结,评估自己的学习目标的完成情况,总结出可能的问题并提出解决方案。

(3)具有自我纪律

1)建立正确的学习计划,制定合理的学习计划,并根据计划进行学习,不要过度依赖社交媒体或者其他电子设备而忽略学习任务。

2)坚持规律生活,保持规律的作息时间,早睡早起,以保证充足的体力和精神状态。

3)保持耐心和意志力,即使遇到了困难和挫折,也要保持长期坚持的能力、远见和毅力,这样才能够成功。

（4）寻求支持和反馈

1）主动与老师沟通，向老师请教、寻求解答和支持，老师可以为你提供专业的指导和帮助，在学习上让你更加轻松自信。

2）加入学习小组，与同学们一起讨论和探讨课程内容，获得反馈和建议。

3）参与社团活动，结交志同道合的朋友，这样可以获得更多的支持和反馈，同时也有助于拓宽自己的视野和经验。

4.增强自我效能感，提高自我评价能力

自我效能感指的是个体对自身能够完成特定任务的信心和预期，而在体育教学中，这种信心和预期尤为关键。具备高度的自我效能感能够激励学生更积极地参与体育活动，面对挑战时保持乐观态度，并为达成学习目标而努力。例如，在学习新的体育技能或应对竞技压力时，自我效能感能够帮助学生克服困难，取得更好的表现。同时，提升自我评价能力也是体育教学中的重要因素。通过准确评估自己的体育技能和表现，学生可以更有效地制定个人学习计划和学习提升策略。这种能力不仅帮助他们认识到自身的优势和不足，还能够培养他们独立思考和自我管理能力，从而在长期的学习和竞技中持续进步。

（1）增加实践经验。大学生可以通过参加社团、实习、志愿者等活动来获得更多的实践经验。在这些活动中，他们可以锻炼自己的组织、沟通、解决问题和创新能力，拓宽视野，增强自信心和自我评价能力。例如，加入学生会或社团可以让学生接触到各种不同的人和事物，培养团队合作精神、领导能力和组织能力；参加实习和志愿者活动可以让学生了解职业实践和社会需求，提升实践经验和人际交往能力。

（2）勇于接受挑战。面对挑战和压力时，只有具备积极乐观、勇敢自信、谦虚谨慎、科学理性和灵活变通的态度，才能够应对各种挑战，并在竞争中立于不败之地。大学生需要勇于接受挑战并克服困难。他们可以通过积极思考、寻求帮助以及相应的行动来克服困难,从而逐渐提高自我效能感和自我评价能力。例如,遇到学习压力大的情况,可以尝试制定学习计划并按时完成任务。

(3)反思与总结。大学生需要经常性地反思自己的学习成绩和学习行为,总结成功和失败的经验,并将其应用到今后的生活中。这种反思和总结的过程可以让大学生不断地认识和了解自己,发掘自身的潜力和优势,并逐渐提高自我效能感和自我评价能力。例如,在学习上,可以根据考试成绩、作业质量等标准来检查自己的学习表现,找出问题所在,并采取改进措施;在社交方面,可以反思自己的人际交往方式和沟通技巧,总结好的经验并加以强化,同时纠正不足之处。

(二)教师层面的培养策略

1.激发学习者学习动机,培养学习者学习兴趣

(1)营造良好的学习氛围并引导学生主动探索。体育课堂不仅是传授运动技能的场所,更是培养学生综合素质和自主学习能力的重要平台。教师可以通过多媒体技术和互动环节,激发学生的学习热情,提升他们的参与度。例如,设置讨论环节、探究任务或小组合作,让学生在互动中体验到学习的乐趣和成就感,从而激发他们对体育知识和技能的兴趣和探索欲望。

(2)提供具有挑战性的任务。这些任务不仅要求学生运用已有的知识和技能,还需要他们面对挑战时展现出创新和解决问题的能力。通过设计富有挑战性的任务,体育教师能够引导学生积极思考和自主学习,从而提高他们的学习深度和广度。

(3)关注学生的内在需求和兴趣并鼓励学生尝试新事物。了解学生的兴趣爱好和个性特点,教师可以有针对性地设计教学内容和活动,使学生在学习体育知识和技能的同时,能够享受到学习的乐趣和成就感。通过开展与学生兴趣相关的多样化活动,如文艺比赛、志愿者服务等,教师不仅扩展

了学生的视野,还激发了他们对新事物探索的兴趣和动机。

(4)对学生成绩与付出的肯定。通过及时的表扬和奖励,教师能够增强学生的自信心和学习动机,使他们更加努力地投入学习,进而提升学习的效果和质量。这种正面的反馈不仅鼓励了学生的学习积极性,也促进了他们的个人成长和发展。

2.优化学习者学习策略,改善学习者学习方法

(1)引导学生有效地利用课后时间。体育课堂不仅仅是学习技能和规则的地方,更是培养学生综合能力和身心健康的场所。因此,教师应当通过有效的课后学习安排,鼓励学生在课外时间继续巩固和应用所学的体育知识和技能。这不仅有助于学生在实践中加深对体育理论的理解,还能提高他们的技能水平和应变能力。在课后学习的过程中,教师可以布置有针对性的作业,确保学生在家或其他场所能够进行有效的练习和反思。这些作业应该具有明确的学习目标和任务,以促进学生在课堂外继续学习和自我提高的能力。同时,教师应该定期提供指导和反馈,及时纠正学生的错误,帮助他们加深对体育技能和战术的理解。

(2)帮助学生理解知识点。教师可以通过引导学生进行小组讨论、提问和实际操作,帮助他们理解和掌握各种体育运动的基本技术和战术策略。通过生动的示范和实践,学生能够更深入地理解体育运动的规则和战术应用,提高他们的运动能力和比赛表现。

二、学科知识与生活实际的联系

(一)学科与生活的关系

1.关联性

学科与生活尽管不是一个逻辑层次上的概念范畴,但毕竟学科与生活存在着紧密的联系。这一点可以从生活包容的三个层次进行分析。

(1)生活是人的存在方式。人类所从事的一切活动最终都是为人的生活服务的,因此学科的存在是不能脱离人的生活和发展需求的,它是人生活需要的存在工具。用历史的眼光看,学科进入学校教育范畴,是作为一种手段存在的,目的是服务于人的生活,这是学科的逻辑源点,体育课程也是如此,因此体育课程的终极目标是人的生活。随着学科本身的不断发展,学科意义逐渐扩大,学科不仅要着眼于现存的当下生活,同时学科也要为人们未来可能生活和理想生活的建构提供更多的支持和帮助,这是学科应承担的积极的、正面的、重要的使命所在。但是,学科虽然源自生活,但学科也要保持相对的独立性,学科一旦产生便有自身的发展轨迹和规律。学科的这种相对独立性是学科自身发展并走向成熟的表现,也预示着学科能为人类的美好生活提供更大的帮助空间和支持系统,对人与社会的作用也会越来越大;但同时也有可能导致学科与生活之间的关系越来越疏远,甚至走向离弃。因此,当学科一味地去追求自身而疏离人的生活时,这实际上已经背离了它的初衷,意味着学科开始走向异化,离"人"也就越来越远。

(2)生活是人的经验。在这一点上,学科与生活有共同之处。从学科知识的早期来源来看,由于科学水平的低下,此时的学科知识主要是对人们的日常经验的凝练与组织。随着科学水平的提高以及学科自身的不断发展,学科知识的来源已经超越人们的日常生活经验,转为通过专门化的科学研究活动来达到获取学科知识的目的。当学科发展到通过专门化的科学研究活动作为其知识的唯一来源时,学科知识也就越来越远离人们的日常生活。这时,学科知识回归生活、关注生活就有了一定的必要性。这正是学者们提出教育回归生活、课程回归生活的原因所在。

(3)生活是经验的传播。生活本身就是很好的学习场所,人们每天都在生活中传播和接受新经验、新知识。因此,从这一点而言,学科与生活具有功能上的对等性,都是作为知识的组织与传播方式,只不过学科的方式是专门的、有组织的,讲求系统性、科学性和严谨性。而生活的方式是零散的、不系统的、无组织的。同时可以看出,学科与生活也具有对立性的一面,因为学科产生的根源就是对生活本身作为知识组织与传播方式的改造和提升,但是如果把学科与生活的这种对立性加以绝对化,那就阻断了学校小课堂与生活大课堂的联系和交流。

2. 差异性

从唯物辩证的角度看,学科与生活是教育理论中的一对矛盾统一体,两者之间既有关联性,也有差异性。就学科与生活的对立性而言,学科与生活是两个不同的学术话语,在内涵、范围、特征等方面存在很大的差别。在范围上,很显然生活比学科要宽泛得多,学科知识是对生活经验的提炼和浓缩,生活经验是学科知识的原型和质料。在特质方面,生活是感性的、具体的、人文的,而学科却是理性的、抽象的、科学的。从功利的角度来看,学科是育人的工具或手段,而生活是育人的终极目标。

3. 统一性

从统一性来看,学科与生活是相互依存、相依相伴的,彼此不能独自存在;两者之间具有一定的对立性,但也不是不可调和的矛盾两极,而是在对立中走向融合与深化;两者之间须保持一定的张力,如果学科离开了生活,学科将枯燥乏味,生活离开了学科,生活将黯然失色。学科来源于生活,也要服务于生活。脱离了生活的学科是没有根基的学科,丢失了学科的生活是处于低层次的生活。也正因为如此,新课程改革的课程理念强调突破学科本位的樊篱,提倡学科和生活的融合,改变课程内容过于偏重学科结构和脱离生活的现状,加强课程内容与现代社会和学生生活实际的联系,关注学生的生活经验、学习兴趣和情感体验。学生的学科学习与生活实践只有通过科学而合理的联动,才能使封闭的、乏味的知识积累过程转化为开放的、有趣的、与社会生活紧密相连的自我发展过程,这是实现完整育人和全面发展学生的必然要求。

体育是来源于生活的,也是为生活服务的。体育课程作为学校教育的一门学科存在决定了其必然有一定的学科属性特征,同时体育课程以身体活动为主的技艺性特点也决定了其具有突出的生活属性特征,因此学科与生活是体育课程的两大重要向度。学科与生活这两大向度在体育课程的理论与实践中不应走向分离而彼此孤立,顾此而失彼都不是完整的体育课程,也不是学生喜欢的体育课程,更不利于完整育人。

(二)学科与生活的融合路径

1. 生态型体育课程目标:注重学科功能和生活意义的结合

在体育教学领域,课程目标的设立是确保教学活动与教育目的紧密对接的关键步骤。体育课程的目标不仅是传授运动技能,更应当在结合学科功能与生活意义的基础上,促进学生身心健康的全面发展。下文围绕"生态型体育课程目标"的概念,探讨如何通过兼顾学科功能与生活意义来指导和影响体育教学实践。

(1)体育课程的学科功能价值在于其能够通过系统的教学安排和技能训练,培养学生在运动技能上的专业水平。根据教育学家泰勒的观点,学科专家的建议主要关注体育课程的专业化方面,强调学科特定的功能性需求。这种专业化的教学方法有助于学生在特定运动项目或技能上获得深入的理解和实践经验,但也容易使得体育课程偏离广大学生身心健康全面发展的初衷。

(2)在生活意义方面,体育课程的目标应当追求对学生日常生活及未来发展的实际意义。泰勒指出,教育的最终目标在于通过行为方式的重大变化来影响学生的生活。美国和日本的基础教育体育课程标准在此方面体现出明显的指向,他们强调通过培养体育素养来支持终身体育活动的生活方式。这种生活意义的体育课程目标不仅仅关注运动技能的提升,更关注学生在体育活动中积累的健康生活技能和终身运动意识的形成。

因此,生态型体育课程目标的核心在于将学科功能与生活意义相结合。这种综合性的目标设定不仅是强调学科自身的特殊功能和学科规律,更是体现体育教育对学生全面发展的育人价值。生态型体育课程目标旨在通过教学实践,促进学生在运动技能、身体素质、终身运动习惯以及社会互动等方面的综合提升,从而使得体育课程不仅仅是运动技能的传授,更是全面促进学生身心健康发展的重要途径。

2. 完整性体育教学:注重学科与生活的沟通

在体育教育领域,学科向度与生活向度的融合是当前教学改革的关键课题之一。这种融合不仅仅是简单地将运动技能教学与日常生活联系起来,更是要通过教学实践中的完整性体验,使体育课程真正服务于学生的整体发展和生活需求。

体育课程的学科向度主要指体育教育在传授运动技能、体育理论和规则等学科知识的基础上,培养学生的身体素质和专业技能。而生活向度则强调将体育活动与学生的日常生活经验和个人成长紧密结合,通过体育教育提升学生的综合素养和生活技能。这种融合的核心在于,体育教师不仅要关注课程的学科内容,更要通过与学生的互动和实践,使体育课程成为学生全面发展的重要支撑。

(1)理解和运用体育课程的正式内容。这些内容通常是根据国家或地方的教育标准和课程设置而制定的,具有共性。然而,这些正式内容往往无法完全覆盖每个学生的个体差异和具体生活经验,这就需要体育教师在备课阶段进行灵活地调整和加工,以确保课程内容能够更贴近本地区、本校和学生的实际情况。

(2)体育教师与学生之间的互动是实现完整性体育教学的关键。课堂上,体育教师不仅仅是知识的传递者,更应是学生与体育教材之间对话和互动的促成者。通过与学生的交流,体育教师可以了解学生的学习需求和反馈,及时调整教学策略和内容,使学生在实践中真正领会体育教育的生活意义和学科内涵。

完整性体育教学还要求体育教师具备广泛的教育素养和专业知识。他们不仅需要精通体育运动的技能和理论,还需要了解人类文化和社会发展的相关知识。这样的综合素养使得体育教师能够更好地引导学生,帮助他们在体育课堂上体验到生活的多样性和丰富性,从而形成健康的生活态度和积极的世界观、人生观、价值观。

在教学实践中,体育教师应该注重培养学生的学习能力和自主性,让他们在体育活动中感受到学习和成长的乐趣。通过设计多样化的体育活动和项目,体育教师可以激发学生的学习兴趣,提升学生的团队合作能力和自我管理能力,使其在课堂内外都能积极参与到体育活动中去。

3.真实性学习评价:注重体育学习评价范式的生活取向

传统的体育教学评价以科学性和标准化为主,侧重于量化指标和单一的测试形式,这种评价模式往往无法全面反映学生的真实学习情况和个性发展需求。因此,如何在评价体育学习过程中引入真实性评价,成为当前教育改革中的一个重要议题。真实性评价强调评价的真实性、反馈性和情境性,它不仅关注学生掌握的知识与技能,更注重学生在真实情境中的应用能力和解决问题的能力。这种评价理念不仅仅是一种方法上的创新,更是对教育价值和目标的重新审视。在体育教学中,真实性评价的应用意味着从单一的测量向多样化的评价方式转变,使评价更加符合学生个体发展的实际需求,更具有教育意义和深远影响。

(1)真实性评价的引入将使体育课程评价的目的从简单地考查学习效果转向更广泛的学生发展支持。传统的评价模式注重对学生知识掌握程度和技能运用能力的测量,而真实性评价则更强调在学生参与真实或模拟的生活场景中,展示其知识和技能的应用情况。这种转变不仅帮助学生更好地理解学科知识的实际意义,还能够为其未来在现实生活中运用所学知识打下坚实基础。

(2)真实性评价的形式多样化,不再局限于传统的考试等测验形式,而是更注重模拟实际生活场景的任务完成和问题解决。例如,通过组织体育赛事、进行户外探险或承担领导和组织角色等方式,学生能够在实践中展示自己的体育知识和团队合作能力,从而全面展示其学习成果和发展潜力。这种评价方式不仅增强了学生的参与感和学习动机,也更贴近实际应用的需求,培养了学生在复杂环境中解决问题的能力。

(3)真实性评价的关注焦点从单一的量化指标转向了更加综合和深入的评估内容。评价不再仅仅看重体育成绩的高低或者特定运动技能的掌握程度,而是更加关注学生在解决复杂任务过程中所表现出来的学习能力和自主思考能力。这种评价方法促使教师和学生从被动的学习接受者转变为主动的知识应用者和问题解决者,从而更好地激发学生的学习潜力和创造力。

(4)真实性评价的实施需要教师具备更高水平的教育素养和评价能力。教师不再仅仅是知识的传授者和成绩的记录者,更需要成为学生学习过程中的引导者和支持者。他们能够设计和组织符合真实性评价要求的学习任务和评价活动,及时提供个性化的反馈和指导,帮助学生在实践中不断改进和完善自己的表现。

(5)真实性评价与课程教学的融合将体育教育置于更广阔的教育视野中。它要求课程教学与评价活动相互贯通,评价不再是学习过程的结束,而是课程发展和学生进步的一部分。这种动态的教学评价体系使得教育过程更加连贯和有序,有助于学校体育的综合发展和学生整体素质的有效提升。

第二节 "练"的方法与技巧

一、练习设计的原则与策略

（一）目标明确，针对性强

在体育教学中，练习设计的首要原则是目标明确。明确的目标能够为教学活动指明方向，使教师和学生在整个教学过程中都有明确的努力方向。例如，如果教师希望通过一段时间的训练提升学生的耐力水平，那么这一目标就需要在练习设计中体现出来。教师可以设计一系列耐力训练的练习，如长跑、变速跑等，使学生通过这些练习逐步提高耐力。

针对性强是指练习设计要根据不同的教学内容和学生的具体情况，制定相应的练习目标和方案。每个学生的体能和技能水平各不相同，因此，练习设计必须具有针对性，才能确保每个学生都能从中受益。例如，在篮球教学中，对于初学者，教师应设计一些基础的运球、传球和投篮练习，帮助他们掌握基本的篮球技术。而对于有一定基础的学生，教师则可以增加一些战术配合和实战演练的内容，使他们在实际比赛中能够更好地运用所学的技术。

另外，练习目标必须具体、可操作，以确保每一次练习都能有的放矢地进行。具体的练习目标能够帮助教师制定详细的练习计划，并在教学过程中对学生的进展进行评估和调整。例如，针对速度提升的目标，教师可以设计包括短跑、起跑练习、加速跑等具体的训练内容，并在每次训练后对学生的速度进行测试，评估训练效果。在体育教学中，练习目标的具体化和可操作性能够帮助教师更好地掌控教学进度，同时也能让学生明确自己的努力方向，从而更加积极主动地参与练习。

(二)逐步递进,循序渐进

练习设计需要遵循逐步递进的原则,即从简单到复杂,从易到难,循序渐进地进行。这一原则的目的是确保学生在掌握基础技能的同时,逐步提高自己的技术水平和体能素质。在初级阶段,练习可以以基础动作为主,重点在于学生动作的规范性和基本技巧的掌握。例如,在田径教学中,初级阶段的练习可以包括基本的跑步姿势、起跑技术和步频控制等内容。通过这些基础练习,学生能够打下扎实的基本功,为后续的复杂练习打好基础。

随着学生水平的提升,练习的难度和复杂度应逐步增加,加入更多的战术配合和实战演练。这不仅能够帮助学生稳步提升技能,还能增强他们的自信心、提高他们的兴趣。例如,在足球教学中,初级阶段可以以基本的传球、接球和带球练习为主;中级阶段可以加入一些战术配合练习,如二过一配合、快速反击等;高级阶段则可以进行实战演练,模拟实际比赛中的各种情况,帮助学生提高实战能力。

循序渐进地实施需要教师在练习设计中合理安排不同阶段的训练内容,确保学生在每一个阶段都能扎实掌握所学内容,并在此基础上不断进步。例如,在游泳教学中,初级阶段可以从水中呼吸和漂浮开始,逐步过渡到基本的游泳动作,如自由泳、仰泳等;随着学生技术水平的提升,加入更多的游泳技巧和比赛规则,使学生在全面掌握游泳技能的同时,具备一定的实战能力。

(三)兼顾个体差异,注重个性化

每个学生的体能和技能水平都有所不同,这种差异可能来源于年龄、性别、身体素质、运动经验等多方面因素。因此,在设计练习时,教师需要充分考虑这些差异,确保每个学生都能在自己的能力范围内进行练习,并得到相应的提升。而个性化练习设计的重要性在于它能够最大限度地调动学生的积极性和主动性。针对身体素质较差的学生,教师可以设计一些强度较低、简单易行的练习。例如,对于耐力较差的学生,可以设计一些短时间、低强度的有氧运动,如慢跑、步行等,逐步提高他们的耐力水平。而对于体能和技能较好的学生,则可以增加练习的强度和难度,鼓励他们挑战自我。例如,可以设计一些高强度间歇训练或复杂的技术动作练习,使他们在挑战中不断提升自己的能力。

差异化练习设计的实施主要包括以下方面。

(1)根据学生的体能和技能水平,将学生分成不同的组,分别进行不同强度和难度的练习。例如,在篮球教学中,可以将学生分为基础组、中级组和高级组,分别进行基础技术练习、战术配合练习和实战演练。

(2)教师应根据每个学生的具体情况,给予个性化的指导和反馈。例如,对于动作不规范的学生,教师可以通过示范和纠正,帮助他们提高技术动作的规范性;对于进步较快的学生,教师可以给予更多的挑战和激励,鼓励他们进一步提升自己的能力。

(3)在一定范围内,让学生根据自己的兴趣和特长,自主选择练习内容和形式。例如,在体能训练中提供多种训练方式,如跑步、游泳、跳绳等,让学生根据自己的喜好选择适合自己的训练方式。这种自主选择能够增强学生的参与感和自主性,使他们更积极主动地参与练习。

(四)科学安排,合理负荷

在练习设计中,科学安排和合理负荷是保证学生健康和提升训练效果的关键。教师应根据学生的年龄、体能状况和心理特点,合理安排练习的时间和强度,避免过度疲劳和运动损伤。

合理负荷应具备以下原则。

(1)间歇练习。间歇练习是一种在高强度练习后安排一定休息时间的训练方法。这种方法能够有效避免学生因连续高强度训练而产生的过度疲劳。例如,在高强度跑步训练后,安排学生进行慢走或站立休息,使他们的身体得到充分的恢复。

（2）循序渐进。在练习设计中,应遵循循序渐进的原则,从低强度、短时间的练习开始,逐步增加练习的强度和时间。例如,在力量训练中先从轻重量、多次数的练习开始,逐步增加重量和减少次数,使学生的肌肉逐步适应训练负荷。

（3）多样化练习。练习的多样化不仅能够避免单一练习带来的疲劳和枯燥,还能全面提升学生的体能和技能。例如,将跑步、跳绳、力量训练等多种练习方式结合起来,使学生在不同类型的练习中得到全面的锻炼。

合理负荷的实施应注重以下方面:①教师应根据学生的具体情况,制定科学的训练计划,合理安排每次练习的内容和时间。例如,设计一周的训练计划,包括不同类型和强度的练习,使学生在一周内得到全面的锻炼和合理的休息。②在训练过程中,教师应密切监测学生的训练反应,及时调整练习的强度和时间。例如,如果发现学生在练习中出现疲劳、动作变形等现象,应及时降低练习强度或增加休息时间,确保学生在安全的范围内进行练习。③合理负荷不仅包括身体上的合理安排,还包括心理上的支持和鼓励。教师应关注学生的心理状态,给予他们积极的心理支持和鼓励,使他们在练习中保持积极向上的心态。

二、分层练习与个性化学习

（一）分层练习的意义

分层练习是根据学生的不同水平,将他们分成若干组,分别进行不同层次的练习。这种方法的意义在于能够更好地满足不同学生的需求,使每个学生都能在适合自己的层次上进行练习,获得最大的提升。

1.满足不同水平学生的需求

学生的体能和技术水平各不相同,如果所有学生都进行相同的练习,一些基础较差的学生可能难以跟上进度,感觉挫败,而一些水平较高的学生则可能感觉练习过于简单,无法获得挑战。因此,分层练习能够根据不同学生的水平,分别设计适合他们的练习内容,使每个学生都能在适合自己的层次上进行练习,获得最大的提升。

2.提高教学效果

分层练习能够提高教学效果,因为它能够针对不同层次学生的具体情况,设计相应的练习内容。例如,在篮球教学中,可以将学生分为初学者、中级水平和高级水平三个层次,分别进行基础技术练习、战术配合练习和实战演练。初学者可以通过基础技术练习掌握基本动作;中级水平的学生可以通过战术配合练习提高团队合作能力;高级水平的学生则可以通过实战演练提升实战能力和应变能力。这种分层练习不仅能够提高学生的技能,还能够增强他们的自信心和学习兴趣。

3.个性化教学的实现

分层练习是实现个性化教学的重要手段。通过分层练习,教师可以根据不同学生的需求,分别设计适合他们的练习内容,使每个学生都能在适合自己的层次上进行练习,获得最大的提升。这种个性化教学不仅能够提高学生的学习效果,还能够增强他们的学习兴趣和积极性。

4.促进学生全面发展

分层练习能够促进学生的全面发展。通过分层练习,教师可以针对不同学生的体能和技能水平,分别设计适合他们的练习内容,使每个学生都能在适合自己的层次上进行练习,获得最大的提升。这种个性化教学不仅能够提高学生的体能和技能水平,还能够促进他们的心理和社会能力的发展。

(二)个性化学习的实施

个性化学习是根据学生的兴趣、特长和发展需求,制定个性化学习方案,帮助他们实现自己的学习目标。在体育教学中,个性化学习可以通过以下方式来实施:

1. 个性化目标设定

教师应根据每个学生的具体情况,制定个性化的学习目标。例如,对于喜欢跑步的学生,可以设定跑步成绩的提升目标;而对于喜欢篮球的学生,则可以设定技术动作的提升目标。个性化目标设定能够使学生明确自己的学习方向,增强他们的学习动力和积极性。

2. 个性化练习方案

根据学生的个性化目标,教师应设计相应的练习方案。例如,对于跑步成绩提升目标的学生,可以设计一些速度、耐力训练的练习方案;而对于篮球技术提升目标的学生,则可以设计一些运球、投篮等技术动作的练习方案。个性化练习方案能够使学生在适合自己的练习内容中获得最大的提升,提高他们的学习效果。

3. 个性化辅导与反馈

在个性化学习过程中,教师应加强个性化辅导与反馈,及时了解学生的学习进展和存在的问题,给予针对性的指导和帮助。例如,可以通过视频分析、动作纠正等方式,帮助学生提高技术动作的规范性和效果。个性化辅导与反馈不仅能够提高学生的学习效果,还能够增强他们的学习兴趣和积极性。

4. 个性化学习资源的提供

为了更好地实施个性化学习,教师应提供丰富的个性化学习资源。例如,可以为学生提供各种类型的练习器材、教材和学习资料,使他们能够根据自己的兴趣和需求,自主选择适合自己的学习资源。个性化学习资源的提供能够丰富学生的学习内容,提高他们的学习效果。

5. 个性化学习环境的营造

教师应根据学生的具体情况,营造适合他们的个性化学习环境。例如,可以为学生提供舒适的练习场地、良好的学习氛围和丰富的练习器材,使他们能够在适合自己的学习环境中进行练习。个性化学习环境的营造不仅能够提高学生的学习效果,还能够增强他们的学习兴趣和积极性。

三、实践性作业与实验教学的融合

实践性作业是指通过实际操作和练习,帮助学生掌握体育技能和知识的作业形式。实践性作业在体育教学中具有重要作用,能够有效促进学生的动手能力和实际操作能力的提升。例如,在足球教学中,实践性作业可以是让学生完成一定数量的颠球练习,或是在家中进行定点射门练习。这种作业形式不仅能增强学生的实践能力,还能巩固课堂上所学的知识和技能。

实验教学是指通过设计和实施各种体育实验,帮助学生理解和掌握体育原理和技能的教学方式。实验教学的意义在于能够将理论与实践相结合,使学生在实际操作中理解和掌握体育知识。例如,在体能训练中,教师可以通过实验教学,向学生展示不同训练方法对体能的影响,让学生亲身体验和感受不同训练方法的效果,从而更好地掌握体能训练的原理和方法。

实践性作业与实验教学的融合,是指在体育教学中,将实践性作业与实验教学有机结合起来,形成一个完整的教学体系。这种融合能够充分发挥两者的优势,促进学生的全面发展。例如,在篮球教学中,教师可以设计一些实践性作业,如定点投篮练习、运球练习等,同时结合实验教学,向学生展示不同投篮姿势的效果,帮助学生理解和掌握投篮技术。

通过这种融合,学生不仅能够在实际操作中提高体育技能,还能在实验教学中加深对体育原理的理解和掌握,从而形成一个完整的知识体系。此外,这种融合还能够提高学生的学习兴趣和积极性,促进他们的全面发展。

第三节　"赛"的激励与促进

一、体育竞赛活动与策划

"体育竞赛是开展体育活动的基本形式和重要手段,能有效调动广大人民群众参与体育锻炼的积极性,对促进体育运动普及与水平提高,推动群众体育发展具有杠杆作用。"[①]体育竞赛是一项关乎人的体育活动,因此要理解体育竞赛活动的实质,必须首先从认识人的活动出发。按照一般理解,任何一项人类的活动都可以从活动、行动和动作三个层面进行考察。动作(操作、技能)是行动的基础,行动则是活动的手段,直接取决于目的,而活动则取决于动机和需要。缺乏现实的动机和需要,这样的活动就有可能由于无人参与而取消,而缺乏明确的目的,就难以构成行动或使得这样的行动失去应有的成效。

(一)体育竞赛活动的性质

学生体育竞赛活动作为一种特定形式的竞争性活动,其性质和特征需要从多个角度来理解和分析。

狭义上,体育竞赛活动以"通过比较确定胜负"为主要特征,学生在严格的竞赛规则下展开竞争,依据规定的标准和程序生成比赛成绩,最终产生胜者。这种竞赛活动的实质在于比较参赛者之间的实力强弱,是通过运动技术、身体素质、心理素质和战术运用等综合能力的展示来决定胜负。与其他竞赛性活动相比,体育竞赛活动的独特之处在于其参赛学生通过运动动作

---

① 马思远.我国业余体育竞赛体系构建研究[J].北京体育大学学报,2021,44(10):22.

的完成来竞争,这些运动动作在竞赛规则允许的范围内进行,包括各类运动项目中的具体动作和整体战术策略。因此,竞赛的结果不仅仅是技能和体能的对比,还涉及心理素质、应变能力和比赛时的表现水平。体育竞赛的性质决定了其不仅仅是简单的比拼,更是对综合能力和应对能力的考验,这种特性使得竞赛结果具有深远的教育价值和社会意义。

广义上,体育竞赛活动不仅仅是运动技能的比拼,更是服务于社会大众的一种活动。它涵盖了各种体育项目的竞赛,推动了人们对体育健身的关注和参与,同时也促进了体育文化的传承和发展。体育竞赛活动不仅仅是学生之间的较量,更是国家和民族形象的展示,是体育理念和精神的传播,有助于提高人们的身体素质和生活质量。竞赛活动的公平性和规范性对于确保体育竞赛的正常进行和成果的公正性至关重要。竞赛规则的制定和执行保证了不同地区、不同国家学生之间的公平竞争,使得竞技成绩能够被广泛接受和认可。例如,国际体育赛事就严格遵循国际通用的竞赛规则,使得来自全球的学生能够在公平的竞技环境中展示自己的竞技实力。

体育竞赛的结果不仅仅是运动成绩的排名,更反映了学生个人和团体在竞技过程中的努力和成长。在现代社会中,竞技活动通过挑战极限、追求卓越、实现梦想,激励了一代又一代的年轻人。体育竞赛不仅鼓励个体的全面发展,也促进了社会的和谐与进步,成为连接人心、传播文化的重要桥梁。

(二)体育竞赛活动的准则

在高校体育竞赛活动中,遵循"公平、规范"的基本准则是确保体育竞赛活动的纯洁性和客观性的关键。

所谓"公平",指的是体育竞赛的各方参与者应当严格遵守体育伦理和职业道德,确保每位参赛者在相同的比赛条件下有公平的竞争机会,并且不使用任何违禁药品以及保持尊重对手和诚实参赛的态度。在高校体育竞赛中,这种公平竞争的原则不仅是体育竞赛活动的基本属性,也是教育和培养学生健康竞争意识和道德观念的重要途径。裁判员作为公平竞赛的保障者,其公正执裁对于竞赛活动的结果和氛围至关重要。他们必须依据"竞赛规则"和"竞赛规程",在比赛过程中保持中立和公正,对所有学生一视同仁地执行裁判工作。在处理竞赛纠纷时,裁判员应当严格按照程序公正裁决,绝不偏袒任何一方,以确保竞赛的公平性和结果的真实性。

所谓"规范",则要求整个比赛过程中的各个环节都按照既定的标准和制度执行。这涵盖了竞赛场地、设施设备的规范性要求以及个人竞赛器材、技术动作和行为举止的规范执行。高校体育竞赛活动必须建立健全的制度,明确竞赛的内容、条件、结果的判定方法以及对犯规行为的界定和相应的惩罚规则。同时,裁判员和技术官员在执裁过程中,通过提高专业水平和应用现代信息技术设备,确保对竞赛事实的准确判定和执行,进一步提升竞赛的规范性和公信力。

在现代高校体育竞赛中,如何确保"公平、规范"的准则得到切实贯彻和落实,不仅关乎竞赛的公正性和权威性,也直接影响到参赛学生的学术道德和职业操守的养成。特别是在面对市场化竞争带来的各种物质利益诱惑时,严格遵守体育伦理和道德准则显得尤为重要。只有通过加强体育伦理道德教育,引导学生在竞赛中树立正确的竞争观念和行为规范,才能确保高校体育竞赛活动的长远健康发展,真正实现体育竞赛活动的教育价值和社会效益。

(三)体育竞赛活动的形式

"体育竞赛形式"是指单场比赛中本方和其他参赛方运动员上场竞技的秩序结构特征。这里的"上场竞技"是指运动员上场完成由单个或系列动作组成、具有完整结构,并记录成绩的比赛行动。例如,田径投掷比赛中完成"一投"、跳跃比赛中完成"一跳"、举重比赛中完成一次试举、射箭淘汰赛中每射三支箭、体操中完成一套动作等。而这里的"秩序"指参赛运动员是同时,还是循序上场。

不同竞技项目单场比赛中运动员竞赛形式是不相同的。从出场人数来看,有单人、双人、三人、四人,也有更多人数的集体项目的竞赛形式。对于一部分竞技项目,竞赛形式是由其项目自身的特征所决定的;而对于另一部分竞技项目,竞赛形式则是通过"竞赛规则"和"竞赛规程"规定或约定俗成的。

1.体育竞赛形式的基本类型

对于所有竞技项目的比赛,体育竞赛形式可以归并为两种基本类型:多方共赛(包括单人、双人或集体)和两方对赛(包括一人对一人、两人对两人、一队对一队)。

(1)"多方共赛"类。"多方共赛"类的基本特点是两方以上(不含两方)多名运动员以单人、双人或集体形式在同一比赛场地上同时或循序上场比赛,各自分别独立完成比赛行动。该比赛分为两个亚类:第一亚类是以单人形式参赛,如田径和游泳中的个人单项、举重单项、竞技体操个人、赛艇单人双桨、皮划艇单人500米和1000米等;第二亚类是以双人或集体形式参赛,如赛艇双人艇、四人艇、八人艇、皮划艇双人500米和1000米、田径接力赛、游泳接力赛、自行车麦迪逊赛等。

(2)"两方对赛"类。"两方对赛"类的基本特点是仅有两方运动员以个人、双人或集体形式在同一比赛场地上同时或循序上场比赛,在相互有干扰的条件下完成比赛行动。该比赛分为三个亚类:第一亚类是一人对一人,如乒乓球、羽毛球、网球的个人单项以及壁球等竞赛项目;第二亚类是两人对两人,如乒乓球、羽毛球、网球的双打项目以及沙滩排球等竞赛项目;第三亚类是一队对一队,如足球、篮球、排球、手球、水球、曲棍球等竞赛项目。

2.体育竞赛形式的影响因素

在比赛中,采用什么样的竞赛形式,受不同因素的制约或影响,大致包括以下三种情况。

(1)竞赛形式受制于竞赛内容。在一部分竞技项目中,使用哪一种竞赛形式是由其竞赛内容的特征所决定的。例如,在大部分球类项目和个人对抗项目的竞赛活动中,由于这些项目具有"直接对抗"(有身体接触的对抗和隔网对抗)的基本特征,比较的是在对抗中临场应变性以及把握胜局的能力,因此决定了在这些项目中只能采用两方对赛并且同场同时的竞赛形式,而别无其他选择。例如,足球、篮球、排球、网球、羽毛球、乒乓球、摔跤、拳击等。

(2)竞赛形式受限于竞赛条件。一部分竞技项目的竞赛形式受到竞赛条件的限制。大致情况有三种:①由于受比赛场地面积的限制,同时也为了便于观众观赏比赛,因此在跳水、花样游泳等竞赛项目中一般只使用一片比赛场地,采用的是"同场循序"方式;②由于比赛场地设施的复杂性,为了确保比赛场地设施条件的统一性,在皮划艇激流回旋、山地自行车、小轮车、马术障碍赛等竞赛项目中也只使用一片比赛场地,采用的是"同场循序"方式;③由于比赛持续时间比较长和竞赛组织工作的复杂性,因此在马拉松跑、竞走、公路自行车、越野滑雪等项目中同样只使用一片比赛场地,采用"同场同时"或"同场错时"出发的方式。

(3)竞赛形式取决于约定俗成。在这一部分竞技项目中,实际上竞赛内容和竞赛条件都对竞赛形式的选择没有特别限制,竞赛形式的可选择余地比较大。目前采用的竞赛形式主要是约定俗成的。在这种情况下,对竞赛形式的选择主要是增强比赛的可观赏性,以便吸引更多的观众,同时也便于竞赛组织。例如,田径100米跑至少有三种赛法:①每一名运动员循序出场的计时赛;②运动员两两出场的对抗赛;③多名运动员同时出场的比赛。在正式田径竞赛中采用的是第三种形式,既有助于增强比赛的可观赏性,也有利于竞赛的组织。在竞技体操比赛中采用的参赛运动员循序在同一套器材上完成动作的竞赛形式,既保证器材的统一性,又便于观众观赏。为了提高比赛的可观赏性,武术专家曾提议把武术套路的竞赛形式从目前的"同场循序",改为"同场两人同赛",使比赛更精彩激烈。

(四)体育竞赛活动的策划

1.体育竞赛活动的策划特点

高校体育竞赛活动作为促进学生身心健康发展和校园文化建设的重要组成部分,其策划与实施过程具有独特的特点和挑战。体育竞赛的策划不仅仅是简单的活动安排,更是一项综合性的项目管理,旨在有效整合资源、提升参与者体验、塑造学校形象和传递特定的价值观念。

(1)高校体育竞赛活动的策划具有明确的目的性。每一场体育竞赛的策划都始于对活动目标的明确定义。这些目标可以是推广某项新的体育运动或赛事形式,提高学校的体育竞技水平,增强学生的团队合作能力,或者是强化学校的品牌形象和文化认同感。基于这些目标,策划者需要制定详尽的策略规划,确保每一个环节都有条不紊地推进,最大限度地实现既定目标。

(2)高校体育竞赛的策划具有前瞻性和市场定位的特点。随着社会的快速发展和科技的进步,策划者需要对未来的体育趋势和社会需求有清晰的认识和预见。例如,结合现代科技,可以通过电视、网络等媒体平台将竞赛活动推广至全球观众,提升比赛的影响力和知名度。同时,对目标受众的市场定位也是策划过程中的关键一环,确保活动能够有效吸引和满足参与者和观众的需求。

(3)高校体育竞赛的策划具备创意性和活动设计的能力。体育竞赛不仅仅是运动技能的较量,更是一场精心设计的视觉、感官和情感体验。策划者必须通过创新的方式,设计吸引人的赛事形式、精彩的表演节目、具有感染力的宣传推广等,以确保活动不仅仅是简单的比赛,而是一场全方位的文化盛宴。在活动设计中,考虑到参与者和观众的感受和反馈,调整和优化活动内容,是提升活动吸引力和影响力的重要手段。

(4)高校体育竞赛的策划具有一定的科学性和操作性。策划过程不是简单的想法或草率的决策,而是建立在科学分析和实证研究的基础上的预测和规划。策划者需要通过调研数据和市场分析,了解参与者的需求和潜在的市场机会,以制定合理的活动方案。同时,活动的操作性是策划方案的关键,只有确保活动方案的切实可行性和安排合理性,才能有效地推动活动的实施和达成预期效果。

(5)高校体育竞赛的策划需要考虑到风险管理和资源整合。体育竞赛活动涉及诸多复杂的因素和变数,如预算控制、安全管理、赞助合作等。策划者需要在策划过程中充分评估和应对可能面临的各种风险,制定有效的风险应对措施和应急预案,以确保活动顺利进行。同时,合理整合和利用各方资源,如校内外的人力资源、物质资源和财政资源,也是确保活动成功的关键因素。

2.体育竞赛活动的策划方案

(1)体育竞赛活动策划方案的重要性。高校体育竞赛策划方案是一份全面规划和设计活动的文档,它不仅仅是活动进行的指南,更是确保活动顺利且成功实施的重要工具。策划方案通过系统性地分析、设计和规划,能够有效地整合资源、明确目标、细化执行步骤,从而最大限度地提升活动的效益和影响力。

1)策划方案能够帮助策划者明确活动的核心目标和理念。无论是提升学校体育竞技水平、促进学生全面发展,还是增强校园文化氛围,策划方案都应清晰地定义这些目标,并通过具体的策略和措施来实现。

2)策划方案有助于有效分配资源和确保预算合理使用。通过详细的预算编制和资源需求分析,策划者可以合理配置人力、物力和财力,确保活动在预算范围内高效运作。

3)策划方案提供了活动执行的详细指南和时间表。从活动准备阶段到实施和后续评估,策划方案应详细列出每个阶段的具体任务、责任人及完成时间,以便全面控制活动进度和质量。

(2)体育竞赛活动策划方案的撰写步骤。撰写高校体育竞赛策划方案是一个系统性的过程,需要策划者在团队协作下完成以下关键步骤。

1)确定活动的基本信息和背景。策划者需要收集和整理有关活动的基本信息,包括活动名称、主办方、参赛对象、时间地点等,同时了解活动的历史背景和现状,为后续策划工作打下基础。

2)分析目标和需求。在明确活动的基本信息后,策划者应该深入分析活动的核心目标和参与者的需求。这一步骤至关重要,因为目标的明确性直接影响到后续策略的制定和执行效果。

3)制定策略和方案。基于对目标和需求的分析,策划者可以制定具体的策略和方案。策略涵盖了如何吸引参与者、如何提升活动影响力、如何通过媒体传播活动等方面;方案则包括了活动的内容设计、赛制安排、奖励设置等具体操作性内容。

4)编制详细的预算和资源需求。一份优质的策划方案必须包含详细的预算和资源需求。策划者应该综合考虑各项支出,如场地租赁、设备采购、人员费用等,并合理预留一定的备用资金以应对意外情况。

5)制定执行计划和时间表。在策略和预算明确后,策划者需要编制详细的执行计划和时间表。时间表应该具体到每个阶段的具体任务和完成时间,确保活动按计划有序推进。

6)风险评估和应对措施。策划者应该对可能出现的风险进行评估,并制定相应的风险应对措施。这些风险可能涉及天气变化、参与者安全等方面,策划方案应具备应急预案,以确保活动能够顺利进行并应对突发情况。

二、竞赛在体育教学中的激励作用

在体育教学中,竞赛作为一种教学手段,不仅能够提高学生的身体素质和技术水平,还能够在学习过程中发挥重要的激励作用。通过竞赛,学生可以体验到竞争的乐趣,激发学习兴趣,增强团队合作精神,提高自信心和抗压能力,从而促进学生全面发展。

(一)激发学习兴趣

竞赛具有很强的娱乐性和挑战性,能够激发学生的兴趣和参与热情。在体育教学中,通过组织各种形式的竞赛,如班级对抗赛、校际比赛等,能够吸引学生积极参与。学生在竞赛中不仅能体验到运动的乐趣,还能在竞争中感受到成就感和满足感,从而提高对体育学习的兴趣。兴趣是最好的老师,有了兴趣,学生会更加主动地参与到体育活动中,不断提升自己的技能和体能。

(二)增强团队合作精神

许多体育竞赛都是以团队为单位进行的,通过这些竞赛,学生可以深刻体会到团队合作的重要性。在团队竞赛中,每个成员都需要为团队的胜利而努力,互相配合、互相支持。通过这样的体验,学生能够学会如何与他人合作,如何在团队中发挥自己的作用以及如何在遇到困难时团结一致、共同面对。这种团队合作精神不仅在体育活动中有重要作用,在学生的日常生活和未来的职业生涯中也同样重要。

(三)提高自信心和抗压能力

竞赛能够为学生提供展示自己能力的平台。在竞赛中,学生通过努力训练和实际比赛,能够不断挑战自我、超越自我,从而增强自信心。每一次的成功都会带来成就感,而每一次的失败也会成为宝贵的经验,促使学生不断反思和改进。在这个过程中,学生的抗压能力也会逐步增强。他们学会在压力和困难面前保持冷静,积极应对,这对他们的心理健康和综合素质的提升都有积极作用。

(四)促进全面发展

体育竞赛不仅能够提高学生的身体素质和运动技能,还能够促进他们在心理、社会等方面的全面发展。在竞赛中,学生需要制定策略、分配任务、应对突发状况,这些都能够锻炼他们的思维能力和决策能力。此外,竞赛中的人际互动也能够提高学生的沟通能力和社交技巧。通过这些综合能力的提升,学生不仅在体育学习中受益,在其他学科学习和日常生活中也会表现得更加优秀。

(五)激发竞争意识和进取精神

竞争意识和进取精神是现代社会中不可或缺的素质。通过体育竞赛,学生可以培养这种意识和精神。在公平竞争的环境中,学生学会如何面对竞争、如何在竞争中取胜。这样的经历不仅能够激发他们在体育学习中的进取精神,也会影响到他们在其他领域中的表现。具有竞争意识和进取精神的学生,往往会更加积极主动地学习和工作,不断追求进步和卓越。

(六)培养规则意识和体育精神

体育竞赛中有严格的规则,学生必须遵守这些规则进行比赛。通过这样的经历,学生能够培养规则意识,懂得在任何情况下都要遵守规则和秩序。同时,体育竞赛也强调公平竞争、尊重对手、友谊第一等体育精神,这些都是学生在成长过程中需要学习和内化的价值观。在竞赛中,学生不仅学会了如何赢得比赛,更重要的是学会了如何在竞争中保持良好的体育道德,如何正确对待胜利和失败。

第四节 "评"的多元化与科学化

一、基于知识图谱的体育教学评价

(一)知识图谱的基本特征

1. 可扩展性

知识图谱的结构灵活,可根据需要随时添加新实体和关系,实现知识的动态扩展和更新。这使得知识图谱能够适应不断变化的知识需求和环境,保持实时性和有效性。例如,随着新知识的产生和技术的发展,可以灵活地向知识图谱中添加新的实体和关系,以反映最新的知识结构和关联。这种灵活性使得知识图谱具备了适应性和持续性,能够随着知识的不断演进而逐渐完善和更新,从而更好地满足用户的知识需求和应用场景。

2. 语义丰富性

知识图谱作为一种图形结构,其核心特征在于节点和边的组合表达,其中节点代表实体,而边则代表实体之间的关系。这种结构使得知识图谱能够有效地捕捉和展示丰富的语义信息,涵盖实体间的关联、属性以及层级结构等多层面内容。通过节点和边的连接方式,知识图谱能够直观地展示和呈现知识元素之间的内在联系和语义关系。例如,节点可以代表多样化的实体,如人物、概念或事件,而边则明确表明它们之间的具体关系,例如"是""拥有""包含",进一步丰富了知识图谱的语义表达能力。这种图形结构的优势在于其能够全面展示知识的多维度内涵,这对于用户深入理解和探索知识的相关性和含义至关重要。通过知识图谱,用户能够系统地管理和检索知识,从而有效地应用到各种实际场景中。这种图形化的表达方式不仅使得知识更加易于理解,也有助于提升知识的传递效率和应用效果。

3. 可视化呈现

知识图谱作为一种图形化表达方式,有效地展示了复杂的知识结构和关系网络。图形化的呈现使得用户能够通过视觉直观地感知知识元素之间的关联和层级关系。节点和边的连接方式,不仅使不同实体之间的关系清晰可见,还能够揭示实体间的属性和复杂交互。这种视觉化工具的运用,使用户能够迅速捕捉和理解知识的核心概念及其重要特征,从而提高了知识的理解和应用效率。

通过与图形界面的交互,用户可以深入挖掘知识图谱所蕴含的深层次信息。例如,用户可以通过放大和缩小、导航和搜索等操作,探索图谱中的特定部分或详细信息介绍,进一步发现隐藏的规律和新的关联性。这种交互式探索过程不仅增强了用户对知识的全面认识,也有助于将知识有效地应用到实际问题的解决中。

(二)知识图谱在体育教学评价中的原理

知识图谱在体育教学评价中的基本原理是通过构建和利用知识图谱来收集、整理、分析和应用与体育教学相关的知识。其基本原理包括以下方面。

1. 知识抽取和表示

基于知识图谱的体育教学评价系统的建设,需要从多个信息源收集并整合相关数据。这些数据主要涵盖教学资源(如教材、教学计划)、学生表现(如考试成绩、课堂表现)以及课程内容等方面。在数据采集和整理完成后,系统将这些信息以图形化的形式表示为知识图谱的节点和边。在这一结构中,节点具体代表各类实体,包括学生、教师、课程等;而边则反映了这些实体之间的各种关系,例如学生与课程的关联、学生之间的互动与交流以及学生的学习成绩等。

通过图形化展示,体育教学评价系统能够直观地展现不同实体之间复杂而关键的关系和连接。这种视觉化呈现不仅使教师和决策者能够轻松地理解和分析数据,还为他们提供了全面而准确的信息支持。教师可以通过知识图谱深入了解学生的学习进展和表现,识别学习过程中的关键节点和潜在问题,从而有针对地调整教学策略和资源分配,优化教学过程,提升教学效果。

2. 知识关联和挖掘

利用知识图谱的结构和关联性,进行知识关联和挖掘,有助于发现实体之间的关系和规律。通过分析知识图谱中的节点和边,可以揭示教学过程中的潜在关联、学生的学习行为模式、教师的教学策略等信息。例如,可以发现某些学生在特定课程中的学习成绩与其课外活动的关系,或者识别学生在不同知识点上的学习偏好。同时,通过分析教师的教学资源使用情况和学生的学习反馈,可以发现教学策略的有效性和优化空间,进而调整教学方法和资源配置,提升教学质量。这种基于知识图谱的关联和挖掘方法,为体育教学评价提供了更深入的视角和更全面的信息支持,有助于优化教学过程和提高学生学习效果。

3. 智能推理和建模

基于知识图谱的知识结构和关系,支持智能推理和建模的方法,能够为教育领域带来深远的影响。通过分析知识图谱中的节点和边,系统能够准确捕捉不同知识点之间的关联性及学生的学习轨迹。这种分析为建立教学评价模型提供了理论基础,系统可以基于学生的学习行为和历史成绩,预测其在特定知识点上的掌握水平和未来的学习表现。此外,系统还能够识别学生的学习偏好和个性化需求,为教师提供针对性的教学指导和支持。这种基于知识图谱的智能推理和建模方法,不仅仅是简单地处理数据,更重要的是通过图谱结构的分析和应用,实现了对复杂教育数据的深度理解和有效利用。通过系统化的学习轨迹分析,教师能够更精准地把握学生的学习进展和潜在难点,从而调整教学策略,提供个性化的学习支持,推动学生的学术发展和综合能力的提升。

4. 应用于教学评价

基于知识图谱的分析结果应用于体育教学评价中,为教师提供客观、全面的评价依据和指导意见。通过对知识图谱的分析,系统可以识别出教学过程中存在的问题和改进空间。例如,系统可以分析学生的学习表现、课程资源的使用情况以及教师的教学策略,发现教学中的潜在问题,如学生对某一知识点的理解程度不足、课程资源的匹配性不够、教学方法的局限性等。基于这些分析结果,系统可以向教师提供针对性的评价依据和指导意见,如调整教学内容和资源、优化教学方法和策略、个性化指导学生等。这样,教师可以根据客观的数据和全面的分析结果,及时调整教学策略,优化教学过程,提高教学效果,从而更好地促进学生的学习和发展。

(三)知识图谱在体育教学评价中的发展

1. 智能化应用

随着人工智能和机器学习技术的迅速发展,未来的体育教学评价系统预计将向更高智能化方向演进。这类系统将具备自动分析学生学习行为和表现的能力,通过大数据的处理与分析,系统能够准确识别学生的学习特征、弱势领域以及潜在学习潜力。此外,系统还将结合知识图谱中的丰富数据进行智能推理和建模,为教师提供个性化的评价依据和指导建议。教师可以借助系统提供的智能分析结果更全面地理解学生的学习情况,进而调整教学计划和策略,提供个性化的教学指导和支持,有效促进学生的学习和发展。这种智能化的体育教学评价系统有望为教育领域带来更为科学、高效的教学评估手段和工具。

2. 大数据支持

未来的体育教学评价系统将受益于数据采集技术的不断进步。系统将能够整合来自多源头的数据,如学生的学习成绩、体能测试数据以及课程资源的使用情况等。通过对这些数据进行综合分析,系统能够更准确地评估学生的综合能力。例如,通过分析学生的学术成绩和体能测试数据,系统能够全面把握学生在学业和体能方面的表现;通过监测学生对课程资源的使用情况,系统可以了解学生的学习态度和习惯。这些数据的综合分析将为教师提供更为全面、客观的评价依据,有助于教师科学地指导学生,推动其全面发展。

3.跨学科整合

未来的体育教学评价系统将更加注重跨学科的整合。系统将不仅仅依赖体育学科知识,还会结合多个学科领域的知识图谱,如运动科学、心理学、教育学等。通过整合这些跨学科的知识图谱,系统可以从更广泛、更综合的视角来评价学生的综合能力。系统可以分析学生的体能数据,结合心理学知识,了解学生的身体状态与心理状态之间的关系;或者将教育学领域的教学策略与学习效果相结合,深入探讨不同的教学方法对学生学习成效的影响。这种跨学科的整合将为体育教学评价系统带来更全面、更深入的评价内容,推动体育教学评价的多元化发展,为学生的综合素质提升提供更多的支持和指导。

二、基于多元智能理论的体育教学评价

(一)体育教学评价中多元智能理论的运用意义

"多元智能理论的教学评价观为现代体育教学评价提供了新的思路,极大地推进了我国体育教学评价体系的改革,能够有效解决现阶段体育教学评价中的问题和不足,促进学生智能的全面发展。"①在体育教学评价中,

---

① 杨飞,王华.多元智能理论在我国体育教学评价体系改革中的作用[J].山西青年,2017(22):50.

多元智能理论强调了评价的多样性和全面性,不仅要关注学生的体能水平,还要考虑其在各种智能类型上的表现。

(1)多元智能理论为体育教学评价提供了更广泛的视角。传统的体育教学评价往往只注重学生的体能表现,忽略了其他智能类型的发展。而多元智能理论认为,学生在体育活动中展现出的不仅是体能水平,还包括了语言、逻辑、人际关系等方面的智能。因此,评价体育教学应该综合考虑学生在各种智能类型上的表现,从而更全面地了解学生的综合能力。

(2)多元智能理论促进了个性化评价和教学。每个学生都有其独特的智能结构和学习方式,传统的评价方法无法满足所有学生的需求。而基于多元智能理论的评价方法可以根据学生的个体差异,针对性地设计评价指标和方法,更好地满足学生的学习需求,促进其个性化发展。

(3)多元智能理论强调了教育的综合性和全面发展。体育教学评价不仅仅是为了衡量学生的体能水平,更重要的是培养学生全面发展的能力和素质。基于多元智能理论的体育教学评价注重培养学生在各种智能类型上的能力,推动其全面发展,为其未来的学习和生活打下坚实的基础。

(二)体育教学评价中多元智能指标体系的构建

(1)多元智能指标体系的构建应当包括多种智能类型,不仅限于体育表现,还应考虑到学生在语言智能、逻辑数学智能、空间智能、人际关系智能等方面的表现。这种综合考量能够更全面地评估学生的综合能力和潜力,不仅关注技能和运动表现,还强调学生在团队合作、沟通能力等非体育领域的发展。

(2)多元智能指标体系应该具有针对性和实用性。评价指标应能够准确反映学生在各个智能领域的具体表现,并且具备操作性,方便教师进行评估和个性化指导。例如,采取学生自评、教师评价以及同伴评价等多种方式收集数据,能够帮助教师全面了解学生在不同智能领域的发展情况,从而更精准地制定个性化教学策略和支持措施。

(3)多元智能指标体系应该是动态的和发展的。随着教育理念的进步和技术的演变,评价指标体系需要与时俱进、不断更新和完善。这种动态性使得多元智能指标体系能够适应教育实践中的变化和学生发展的多样性需求。因此,在建立多元智能指标体系时,需要通过实践经验不断总结和调整,以确保评价体系的有效性和实用性,为学生的全面发展提供持续有效的支持和指导。

(三)基于多元智能理论的体育教学评价方法

(1)基于多元智能理论的体育教学评价方法强调评价的多样性和全面性。除了传统的体能和技能水平评估外,该方法还重视评估学生在其他智能领域的表现,如语言智能、逻辑数学智能和人际关系智能等。这种全面性评价能够更准确地反映学生在多个方面的能力和潜力,有助于教师全面了解学生的发展状况,为个性化教学提供依据。

(2)基于多元智能理论的评价方法注重个性化评价和教学。教师根据学生在各个智能领域的特点和需求,设计相应的评价指标和方法,以促进其个性化学习和全面发展。例如,针对语言智能较强的学生,可以采用口头表达或写作方式进行评估;而对于逻辑数学智能较强的学生,则可通过问题分析和解决来评估其战术规划能力。

(3)基于多元智能理论的评价方法促进了教学的改进和创新。通过综合评估学生在多个智能领域的成就,教师能够发现并分析教学中存在的问题和改进空间,进而优化教学方法和策略,提高教学效果。同时,可以借鉴和引入其他学科领域的评价经验,不断创新体育教学评价方法,促进教育教学的全面发展和进步。

三、基于学科核心素养的体育教学评价

(一)体育学科核心素养的重要意义

1. 培养学生的综合素质

体育学科核心素养还在培养学生的综合素质方面发挥着关键作用,具体体现在以下方面。

(1)领导力发展。核心素养强调领导力的培养,学生在体育课堂和运动团队中有机会发展领导技能。这些技能包括领导小组、激励队员、制定战略和解决问题。这不仅有助于他们在体育领域脱颖而出,还在他们的职业生涯中具有广泛的应用。

(2)协作与团队合作。体育项目常常要求学生在团队中合作。通过参与团队体育,学生可以培养协作和团队合作的能力,这些能力在工作和社交环境中同样重要。学会在不同角色和背景下与他人合作,有助于建立强大的人际关系技能。

(3)伦理与价值观。体育学科核心素养还强调了伦理观和价值观的培养。学生通过体育可以了解竞争和公平竞赛的概念以及尊重对手和团队合作的重要性。这将有助于他们在社会中成为有道德和负责任的公民。

2. 提升体育教育的质量

体育学科核心素养的重要性体现在其能够显著提高体育教育的质量。通过关注核心素养的培养,教育者能够更精确地规划和设计体育课程,确保学生在学习体育时获得全面的教育。

(1)有针对性地教学。核心素养的明确定义为体育学科中必备的关键能力和知识,教育者可以依据这一定义,有针对性地设计教材和课程,确保学生在学习过程中不会遗漏重要的知识和技能。这有助于提高学生的学术成绩和技能水平。

（2）评估和反馈。核心素养的培养需要有效的评估和反馈机制。通过为学生提供明确的目标和标准，教育者可以更准确地评估他们的进展，以便及时提供反馈和帮助。这种个性化的评估有助于学生更好地理解自己的优势和不足，从而改进学习方法。

（3）教育资源的优化。教育资源的有限性是体育教育领域的普遍问题。通过关注核心素养，学校和教育机构可以更有效地配置资源，确保教育资金和设备的最佳利用。这将有助于提高学校体育项目的质量，让更多学生受益。

（二）体育学科核心素养的发展

体育学科核心素养的发展趋势反映了不断变化的教育和社会需求，为未来的体育教育提供了新的方向。

1. 科技整合

随着科技的快速发展，体育教育的未来将更加数字化。数字技术和虚拟现实技术将成为体育教育的有力工具。这一趋势不仅丰富学生的学习体验，还将加速核心素养的培养。学生可以通过在线学习平台获得及时反馈和个性化建议，帮助他们更好地理解和掌握体育技能。虚拟现实技术可以模拟真实比赛和锻炼场景，使学生能够在安全的环境中练习和改进他们的技能。这种互动性和个性化的学习方式将激发学生的学习兴趣，促使他们更积极地参与体育教育，从而更好地发展体育学科核心素养。这也反映了体育教育在适应现代学习方式和科技趋势方面的不断努力，以更好地满足学生的需求。

2. 环境教育

体育学科核心素养与环境和可持续性教育的更紧密联系，将使体育教育在塑造未来社会中的积极环保领袖和可持续发展的倡导者方面发挥关键作用。学生将逐渐认识到，体育活动并不仅仅是锻炼身体和竞技竞赛，还涉及与环境的密切互动。

（1）了解环境影响。学生将深入了解体育场馆的能源消耗、水资源利用、废物管理以及生态系统的保护等方面对环境的影响。这种认识有助于引导他们积极参与环保行动，减少浪费，降低碳足迹。

（2）推动可持续实践。学生将积极参与推动可持续实践，如鼓励使用共享交通工具前往体育场馆，节约能源和水资源，倡导废物回收和再利用。这些实践有助于降低体育活动对环境的负面影响，同时培养学生的可持续生活方式。

（3）在实践中学习。学生将积极参与实地环保项目，如清理公共运动场地、植树造林、推广可再生能源等。这些实际体验将使他们更深刻地了解可持续性原则，将环保意识转化为切实的环保行动。

3. 数据驱动的教育

数据分析和评估在未来的体育教育中将扮演着更为重要的角色。这将不仅成为一种常规实践，而且将成为体育教育的关键驱动因素。通过收集学生的表现数据，如体能测试、技能评估、参与度、学业成绩等，教育者可以建立更全面的学生档案。这些数据将有助于个性化教学的实施，因为教育者可以更精确地了解每个学生的需求和潜力。

数据分析还可以帮助教育者在实时或周期性基础上评估课程的效果。通过分析学生的表现数据，教育者可以识别出哪些方面需要改进和调整，以更好地提高核心素养的培养效果。这种循环的反馈机制将推动体育教育不断优化，以更好地满足学生的需求和培养他们的核心素养。此外，数据分析也有助于学生自我评估和目标设定。学生可以更清晰地了解他们的表现，识别出自己的强项和薄弱点，从而更有针对性地制定学习计划和目标。这有助于激发学生的自主学习动力，使他们更积极地参与体育教育，提高核心素养的发展效果。

（三）基于学科核心素养的体育教学评价体系构建

在当前的教育背景下,体育教学已经不再是简单的身体锻炼,更加注重学生体育学科核心素养的培养与发展。因此,构建基于学科核心素养的体育教学评价体系显得尤为重要。这一体系的构建,旨在通过科学、系统的评价方法,全面、客观地评估学生在体育学习过程中的核心素养提升情况,从而引导学生形成正确的体育观念,掌握有效的运动技能,培养健康的身心素质。

（1）评价体系应注重过程性评价与终结性评价相结合。过程性评价能够实时跟踪学生的学习进展,及时反馈教学信息,有助于教师调整教学策略,促进学生个性化发展。而终结性评价则能够对学生的学习成果进行总体评价,为下一阶段的教学提供参考。

（2）评价体系应注重评价的多元性和公平性。多元性体现在评价主体的多元、评价方法的多元以及评价内容的多元,这样能够更全面地反映学生的体育学科素养。公平性则要求评价过程公开透明,评价标准统一,确保每个学生都能在公平的环境中接受评价。

基于学科核心素养的体育教学评价体系的构建是一个长期而复杂的过程,需要教育者不断探索和实践。以核心素养为导向,以评价为手段,推动体育教学改革的深入发展,为学生的全面发展奠定坚实的基础。

（四）基于学科核心素养的体育教学评价系统设计

基于学科核心素养的体育教学评价系统设计旨在全面评估学生在体育学科学习中的各项能力和素养,并为教师提供科学依据和指导,从而促进学生全面发展。

（1）系统设计需要明确学科核心素养的构成要素和内涵。体育学科核心素养涵盖了多个方面,包括学生的体育运动技能、战略意识、团队合作、身体素质、体育文化意识等。因此,在系统设计时需要将这些要素细化,以确保评价体系能够全面、准确地反映学生在各个方面的发展水平。

（2）系统设计需要确定评价指标和方法。评价指标应当涵盖学科核心素养的各个方面，并具有可操作性和实用性，以便教师能够方便地进行评价和指导。评价方法可以多样化，包括实地观察、学生自评、教师评价、同伴评价等多种方式，以全面了解学生在体育学科学习中的表现和发展情况。

（3）系统设计需要建立完善的数据管理和分析系统。通过建立数据管理系统，可以及时收集、整理和分析评价数据，为教师提供科学依据和决策支持。同时，系统还应该具备数据可视化和报告生成功能，以便教师和管理者能够直观地了解评价结果，并及时采取相应的措施。

（4）系统设计需要考虑个性化评价和反馈机制。针对不同学生的特点和需求，设计个性化的评价指标和方法，以满足学生的个性化发展需求。同时，系统还应该建立有效的反馈机制，及时向学生和教师反馈评价结果，并提供相应的改进建议和指导，促进学生的持续发展和进步。

（5）系统设计需要注重技术支持和应用。利用现代技术手段，如信息技术、人工智能等，构建智能化的评价系统，提高评价效率和准确度。同时，系统还应该不断更新和完善，与时俱进，以适应不断变化的教育需求和学生发展的要求。

第五章

"学练赛评"模式下体育教师队伍建设

第一节 体育教师专业发展与能力建设

一、体育教师的专业发展

(一)体育教师专业发展的内容

1.提升教育教学技术创新水平

(1)教育教学内容的编排和创新。体育教育教学内容均是按照教育教学的发展规律,把所有相关的体育知识根据一定的科学的系统全部编排起来,最终成为具有教育教学的操作性的使用教材。体育教育教学内容的选项所依据的两个原则:①体育专业发展的科学性原则。也就是根据体育的发展和体育方面人才培养的需要,去选择那些适合自己学校的教育所实施的内容,作为高等院校的体育教育教学的内容。②大学生身心健康成长的规律性原则。具体来说也就是立足于当代大学生原有学校的体育学习基础,对大学生实施继承性体育教育,不断提升其体育专业水平,为这些大学生毕业以后职业发展做出体育方面的初步准备。

（2）教育教学方法的创新。高校体育教育教学的宗旨是"终身体育意识"和"体育能力"的培养，因而在教育教学实践中要以技术技能的教育教学为重点，以理论知识的教育教学为辅助。其中，技术技能的教育教学要从教师的示范为主出发，将教师示范和教育教学视频相结合。通过从以室外教育教学为主的方式向室内和室外相结合的教育教学方式一起发展，且以单纯的教师讲解形式向教师讲解和观看精品视频与远程教育相结合的形式共同发展。

2. 增强体育专业知识的学习

（1）体育专业实践水平与体育理论相结合。体育专业实践水平与体育理论相结合的学习方式大体分为三类：①学校内部体育教师之间的互相交流、借鉴和学习，比如体育教师之间相互听课、评价所听课程、对所听课程提出想法和意见、体育教育的科研活动和学术界的相互交流活动以及学校内部研究探讨的课题活动。②地区范围内和学校与学校之间的学习和交流活动，比如通过相互的交流和学习、专题会议的相互交流与课题之间的相互合作活动等，教师都能够从学校体育发展的过程中吸取别人的长处，弥补自身不足。③地区范围内、全国范围内或者定向的学校与学校之间举办的运动会等各种活动，通过各种体育运动成绩来逐步实现相互之间教育教学水平的横向衡量。

（2）体育文化知识的学习。体育文化知识的学习就是相关体育项目的发展过程、体育运动项目的发源和体育文化的意义、各种专项体育比赛的发展过程、大型的国内和国际运动会的发展过程，并且包括各种传统体育运动项目的不断发掘和不断提升，各种体育运动项目的健身功能且有针对性地研究和学习。体育文化知识的不断学习和不断积累，将成为高等学校体育教师的内涵性的职业修养。

3. 加强体育项目的学术研究

高等学校体育类的学术研究和体育相关的科学研究，不仅为普通高等学校的体育教师职业性的发展提供了具备方向性的专业化引导,同时也为他们专业的发展奠定了扎实的基础。

(1)加强自身擅长的专业或者运动项目的学术研究。这种扎根在高等院校教育教学实践基础上的学术研究,能够对高等院校的体育项目产生较为切实性和比较深刻的影响,在此基础上也推动了体育项目的不断发展。

(2)加强擅长专业的教科研一体化发展。相对于更专业的学术研究来讲,教科研具有教育教学所具备的直接的针对性,不仅能够很快地演变为专业性地使用教材,又能够促进教育教学的不断开展,当然也能够不断地改进有关教学教法、不断地提升其存在的教育教学水平的效果,努力构建学习共同体,不断开拓高等学校的体育教师的专业发展途径。

专业的学习共同体能够营造出一种激励的情景,使教师团队甚至整个的专业群体都能够为了群体共同的目标而全部集中起来,汇集成具有支持性的共同体。强调了群体间拥有一致的信念,并且强调学习人员能够分享出各自的想法见解和所能够掌握的信息,不断鼓励学习人员去探究创新,使学习者自身能够对学科内容获得更深层次的理解。教师共同体是教师自身知识、技能水平和心向的总和,共享的学习和共同的进步,协作、互相帮助的学习组织能更加有效率地激发出高等学校的体育教师专业成长的主体性能,提升了教师的实践性的智慧。

在自身专业的学习共同体之中,高等学校体育教师之间的互相帮助可以加强教师之间的联系,在体育教育课程的实施等其他团体活动中通过专业的对话、沟通和协作能够共同分享体育教育改革中的经历、经验,通过彼此间的互动能够互相支持和学习,能够使每位体育类教师充分发挥自身的才华睿智,从而来弥补个人的局限和不足。高等学校的体育教师专业化共同体中的每一个主体的视界都处在一个动态的过程中,教师之间的知识资源共享能够克服各个教师本身的专业知识与教师思维盲点,同时他们能够从不断地探究、学习、对话、反思和行动中去整理知识结构、总结策略,不断提升专业技能,体育教师之间相互鼓励并且积极做出反馈,互相给予精神上的支持,并协助他人去解决疑难。

(二)体育教师专业发展的路径

依据目前对高校体育教师团队选拔所提出的要求与体育教师个人职业成长的经历进行观察和分析得出,高校体育教师团队的专业发展可概括出以下三种路径。

(1)由全国各个普通高等学校的体育学院和体育系或者由各个专门的体育院校进行培育,这种途径也是当今高等学校的体育教师比较注重发展的路径。

(2)高等学校的体育教师在体育学院内部的校本方面的培养和自我实践中的成长,即体育教师们通过相互之间的学习和指导,并结合自己在教育教学工作中的感想和领悟,不断探索提升,实现自身职业性的专业成长和发展;特别是在以老带新的形式方法和体育高等学校内的职业性的体育教育教学活动中,能够真正培养符合学校实际和要求的体育教师。

(3)教育部门或者高等学校组织的继续性教育和提高学历的体育教育教学活动,普遍都会以所在教育部门或者有关联的其他主管部门的计划为主,分批性、阶段性地对教师进行专门的职业培训。此外,高等学校的体育教师拥有硕士生学位和博士生学位后所参加的各种进修活动,这也属于体育教师的一种职业性发展途径并且能够向更高级的体育专业化水平发展。高等学校的体育教师的培训进修活动是高等学校的体育教师专业逐步发展和成长的核心环节与基础内容。如今的学术界并没有明确地提出高等学校的体育教师团队其专业发展大致方向和途径,但是与体育教师专业发展有关的继续性教育的主要形式包括教师进修和教师培训。而在职的体育教师进行进修的主要途径包括自己学习、开展教学研究活动、短期的教学培训和函授;培训的模式包括上岗之前的培训、高等院校内培训(学位课程的培训或者短期的进修培训)、校本的培训等。

(三)体育教师专业发展的策略

1. 体育教师职前教育

(1)以专业化取向改革职前教育课程体系。与其他学科的教师相比,体育教师的社会地位及专业地位有待提高。虽然有很多途径,但提高体育教师的专业化程度则是更为重要的途径,而这最终要通过体育教育专业课程的专业化来落实。以往体育教育专业课程改革中的一个问题就是过于强调"学科"与"术科"的比例,其隐含的前提仍是基于一次性本科教育即可培养优秀体育教师的理念,这种理念并不把体育教学工作看作专业性工作,也不把体育教师看成是需要不断学习和探索才能趋于成熟的专业人员。实际上,"学科"与"术科"只是体育教师专业发展诸多内涵中的一个方面。所以,体育教学的专业化发展就成为体育教学改革的一大方向。目前,教师专业化发展已经把教学工作当成是一种专业性工作,教师也是一种专业性人员,所以,教师教育专业化发展的实施不仅要以教学工作的性质为依据,而且还要以教师专业发展的要求为依据。

按照一定的方向组织起来的课程体系就是专业的实体。因此,在教育内容上,如果要体现体育教育专业的专业化,就必然要通过体育专业课程体系来实现。因此,试图通过体育教师专业化发展来提高教学质量的体育教育改革,在改革方向上必然要以课程改革为主。体育教育课程改革专业化取向的实质就是要以体育教师专业发展为核心,推动专业课程体系的构建,同时还要让体育教师的专业发展为课程改革提供重要支撑。这不仅是对师范教育专业化趋势的顺应,也是基于对以往体育教师社会地位及专业地位的反思。

(2)完善体育教育学的学科体系。早期体育教育专业更多地以教育学、心理学、生物学和医学学科为基础,之后,体育教学法、教学理论等可以将体育学科特点反映出来的课程开始为人们所重视。总之,以培养体育师资为主要任务的体育教育专业是建立在体育科学、人体科学、体育教育学等学科之上的,这不仅可以从专业课程中体现出来,也可以从国家的相关文件中体现出来。不过,从我国体育教育的课程体系中可以发现,在以上三类学科中,学界对体育教学类课程存在开发明显不足的问题,能将体育学科知识反映出来的课程主要有两个:一个是"体育理论",另一个则是"学校体育学",这其实已经反映出,研究界对这一学科研究内容并没有多么重视,而我们所忽视的这一类课程恰恰正是能够反映出体育教育专业特征的课程。

专业性的职业不仅应该需要一些基础学科来支撑,还需要能够体现专业特性的学科来支撑。同理,专业教育在拥有基础课程的同时还要拥有体现专业教育的支撑课程,如果没有这类专业课程,专业教育也就不复存在了。这里的支撑课程其实就是指专业课,这是一类与基础课程相对立的课程,目的是让学生掌握相关专业知识与技能。如果在体育专业教育还只是以培养体育教师为本、体育专业教育还没有分化的情况下,我们不强调专业的支撑学科或课程还可以理解的话,那么在体育专业教育已经分化且各专业已有明确培养指向的今天,专业教育就应该因时而变,应该有能够支撑专业存在与发展的学科与课程,只有这样才能为社会输出专门的人才。就体育教育专业来说,这一支撑学科无疑就是体育教育学,而支撑课程无疑就是与之相关的课程。

体育教育专业课程改革走专业化道路的一个根本要求就是要建构专业化的课程体系,该体系一方面必须有大量的专业基础课,另一方面还要能在较大程度上将体育教育以及教学的诸多特性反映出来。因此,我们必须明确体育教育专业的支撑学科以及课程,必须以体育教师专业发展的要求为依据,这样,专业化的课程体系才能真正建立起来,体育教育专业课程改革的要求也就实现了。

由于我们长期以来对此有所忽视,在以往教育行政部门所颁布的体育专业教学计划中,"专业课"一词似乎被忽视了,取而代之的是"专业基础课"

等,但是如果仔细深究的话就会发现,这些课程其实并不是所谓的"专业课",他们与"专业课"有着本质的区别,二者是不一样的。之所以会出现这种提法,主要是由两个原因导致的:①学界对体育教育教学的本质并没有清晰的认识,同时也没有清楚了解体育教师职业专业性这一问题;②没有认识到体育教育相关课程在具备专业化的同时,还具有非专业化属性。从其所列课程名称看,虽明显有别于其他非体育类师范专业,但尚难明显地与其他相近的体育类专业相区分。因为这类提法所包括的人体运动生理、人体运动解剖、田径、球类等课程,是各相关体育专业的共同基础理论和技术手段课,并非体育教育专业所独有,因而难以成为该专业的支撑课程即专业课。而以专业化为取向的体育教育专业课程改革,是有一定前提条件的,它把体育教育教学看作是专业工作,把体育教师看作是一个专业性职业,这给专业教育提出了一些新的要求,要求不仅要为教师的专业化发展提供必要的专业基础课,还要提供能够支撑专业发展的专业课。

构建体育教育类课程必须从体育教育学的学科建设入手,这主要有两方面的原因:①所有课程的资源都是来自学科,有了学科,课程才能得以构建,可以说,学科是构建课程的基础;②长期以来,学界对体育教育学学科研究的重视度不够,导致体育教育学学科的建设工作开展得并不顺利。

因此,如果要进行以专业化为核心的体育教育课程改革,进行体育教育学学科建设是十分有必要的。虽然一直以来没有那么重视体育教育学学科的相关研究,也没有对体育教育学的概念、学科体系等有深入探索,但是,学界依然明确了体育教育学的研究对象,即不仅研究体育教育现象,而且还从深层次出发,研究体育教育的本质及发展规律。不过需要指出的是,体育教育学的研究范围到现在还没有被确定下来,体育教育的内容、目的、手段以及评价等都是现阶段研究的重点问题。认识体育教育学学科,还需要体育与体育理论、体育教材教法相联系,但是必须明确的一点是,后者的简单相加并不等于前者,所以,体育教育学学科的研究其实是非常复杂的。

体育理论与学校体育学的任务主要有两个：一个是要将学校体育工作的基本规律总结出来；另一个是要论述学校体育工作的原理与方法。而体育教材教法则侧重于各具体运动项目的教法分析，对体育教育的原理涉及不深。虽然二者都包含体育教育学的部分内容，但如果从时代发展的角度来看，这些内容其实已经无法与时代发展相匹配了，是一种已经过时的内容。因此，这让许多学者开始转变研究方向，开始重新审视体育教育的本质，认为体育教育研究必须将健康教育研究纳入进来，体育课程改革问题已集中地提上日程，体育理论、学校体育学、体育教材教法三门学科已经无法适应时代发展与体育教学发展，建立并完善体育教育学学科是极其有必要的。在构建体育教育学学科时，一般包括以下三个方面的内容。

（1）从哲学与原理意义层面上来看，不仅要探讨体育教育与人的身心发展、社会发展的关系，而且要探讨教育的内容、目的以及方法等，包括体育教育思想史、各国体育教育比较等。

（2）学校体育学要关注体育教育内容的实施与评价问题，具体包括构建体育课程论。

（3）体育教学方法与体育学习方法的基本原理与实践以及该领域的特殊性问题，具体包括体育教学论、运动技术学、体育方法学、体育评价学等。

总之，体育教育学是一个学科群。在它之下，存在着众多的具体学科，这些学科一起共同构成一个完整的体育教育学学科，包括运动学习论、运动技术学、体育教育评价论等多个分支领域。但对本科体育教育专业来说，不必以课程形式与其一一对应。这里还需要说明的是，体育学科构建问题并不只是本科阶段的问题，因为体育教师的专业化发展并不是一个阶段性过程，它是一个长期的过程，本科阶段只是这一长期过程中的一个环节。所以，完善体育教育学科体系，可以为体育教师专业全程发展提供一些支撑课程。

2. 体育教师入职教育

(1)建立体育教师入职教育制度。体育教师入职教育工作要有一个保障前提,那就是要建立相关规章制度,进行依法管理。入职教育之前是职前教师培养,之后是职后教师教育,而它则是连接这两种教育的桥梁,更重要的是,它还是实现教师教育一体化的中间环节,起着重要的承上启下的作用。如果想要将入职教育当作教师教育的中间环节来看待的话,那么,就必须进一步建立健全教师入职教育制度。

当前,为了保障教师的权益,需要尽快将教师入职教育的立法工作提上日程,为了加快这一法律的实施,还需要再制定与之相配套的政策,从而实现对教师入职教育的监督与评价。同时还需要指出的是,将教师入职教育与教师资格、教师聘任制度等挂钩,这样教师就必须认真对待入职教育,因为一旦其入职教育不成功,那么,就会无法取得教师资格或者无法转正,从而保证教师入职教育扎扎实实地得到落实。

与此同时,各级地方政府、教育行政管理部门和学校应建立健全一套符合国家政策和自身实情的体育教师入职教育管理体系,这一体系必须是科学的,能将入职培训与考核结合起来,还能让教师入职教育变得更加规范、合理,同时,还可以将教师参加入职教育与转正定级、晋升工资或职称评选联系起来,从而提高体育教师参加入职教育的积极性。

(2)完善体育教师入职教育内容。完善体育教师入职教育内容需要依据体育教师的思想素质、能力水平等,同时还要与体育教育改革的新动向、新成果相结合,加强对教师成长规律、入职教育发展规律的理论研究,在总结一些体育教师入职教育成功经验的基础上,科学地制定教师入职教育工作计划,丰富入职教育内容。根据体育教师入职教育的经验,目前应重点加强体育教师入职教育在师德修养和新知识、教育理念以及教育教学技术能力方面的培训,还要考虑体育学科的特点,在秉持有效性原则的基础上,在与体育教学改革的理念、方向相一致的前提下,让准备入职的体育教师通过入职教育了解教学改革的相关知识,从而使其可以获得新的教育理念,更重要的是,还能保证入职教育所传授知识的科学性与先进性。

(3)丰富体育教师入职教育形式,具体有以下几个方面

1)重视多种形式并举,突出培养自我反思能力。我国所有的体育教师入职教育活动安排一般都是通过行政命令系统实现的。行政部门让学校指派相关的体育教师参与行政单位组织的活动,也可以是行政单位明确指出学校应该组织什么样的活动,然后这些教师必须参加。这种情况之下,体育教师就始终处于一种被动的状态,他们参与什么活动只能够听从学校或者行政单位的安排,因此很难将其主动性激发出来。

另外,学校还可以从其他学科在新教师入职教育工作使用的方法中吸取经验,例如,注册课程、网络支持等形式,这些形式不仅可以进一步帮助教师挖掘优质的教学资源,而且还能为新教师学习优秀的教学经验提供方便。同时,学校应该考虑到这些新教师对于刚开始开展教学活动的不适应性,因此可帮助他们多组织一些教学讨论活动,让教师在讨论中交换教学心得,同时促进他们开展教学反思活动;还要努力为这些新教师争取一些参与专业研讨会与座谈会的机会,让他们可以与相关领域中具有影响力的人物进行接触,从这些人物那里获得更多新的知识、新的启发;鼓励新教师要多学习其他教师身上的优点,学习其他教师教学的长处,从而为我所用,不断提高自己的专业能力。

在多种培训模式的帮助下,不仅要提高体育教师的教学能力,还要提高他们的教学反思能力。这是因为反思能力可以让他们了解自己在教学过程中的优势与不足,了解他们在教学过程中投入的情感情况,从而使他们能够从整体上对自己的教学情况予以把握。当前,教学反思已经为大多数教师认可与接受,这是因为他们已经从反思中收获了不少教学的思路与想法,更重要的是,所有的教师一起反思还能了解到别人的教学思路,教学技能也能得以提升。体育教师在与过去教学过程中的自己不断地进行对话,就可以

更加全面地认识自己以及自己所开展的教学活动,就是在这样一次次的反思中,体育教师得以成长,反思的次数越多、力度越强,体育教师就越能迅速成长为专家型教师。提到教师反思就必须提教师反思的方法,这些方法非常多,不仅包括教学日志、课后小结,而且还包括教学研讨法、观摩法等,单独使用这些方法的效果有限,因此不少教师选择将不同的方法合起来一起使用,从而进一步强化反思的效果。在体育教师中,最常用的反思方法主要有两种:一种是课后小结,另一种是教学日志。

2)在实践中要不断完善指导教师制。学校培养教师的方法虽然有很多种,但是为大家所普遍适用的一种方法则为指导教师制,需要说明的是,这一制度不仅可以由单个教师执行,也可以由教研组或者备课组等以小组的形式执行。不过,参与这项制度的教师多半是来自本校的一些比较有经验的名师。指导教师制让体育教师收益颇丰,指导教师帮助他们解决教学过程中的问题,帮助他们开拓新的教学思路,使他们少走了不少弯路,但是,还需要说明的是,每个学校的指导教师制都是根据各个学校的实际情况制定与实施的,所以该制度所取得的效果也是不同的,甚至在同一学校内部的效果也有着明显的差异。因此,学校需要考虑指导教师制实施的质量与效果,否则,只停留在制度层面、忽略实践的指导教师制就是毫无意义的。

对体育教师进行教学指导能否成功的一个关键要素就是指导教师。而在具体进行教学指导之前,需要确定什么样的教师才符合指导教师的要求,而当选择好指导教师之后,就可以对他们进行相关知识的系统培训。在培训期间,要将指导教师的职责范围确定下来,同时还要确定下指导时间,这是因为每个体育教师之间是有着显著差异的,有的教师入职期只有半年,有的则长达一年、两年。通常,指导教师对体育教师的指导时间最好控制在 1~2 年,体育教师工作一年之后,可以对其工作进行客观考核,然后根据考核结果再决定是否继续对这些体育教师进行指导。

(4)加强体育教师入职教育考核。教师教育的一个重要环节就是入职教育,它连接职前教育与职后教育,起着承前启后的作用,涉及体育教师的任职学校、毕业院校、体育教师的培训机构、地方教育行政管理机构等多个部门及人员。根据体育教师入职教育的实际情况,发现只有构建完善的教师入职教育组织和管理体系,才能将涉及的机构与人员之间的关系协调好,也才能使入职教育的作用发挥到最好。从当前的情况来看,高校应该与地方教育行政部门、教师职前培养机构形成联动机制,共同组建教师入职教育组织与管理体系,例如,可以成立"初任教师指导委员会",通过这一组织统一协调体育教师入职教育工作。

目前体育教师的入职教育基本没有考核评价环节。只有教育培训,没有考核评价,教师入职教育往往变成可有可无的形式,在具体工作中得不到重视。在入职教育中加入考核评价环节是非常有必要的,这是因为这一环节不仅能显著提高教师培训的质量,而且能极大地提升参与培训的教师的积极性,使其以更加饱满的热情投入培训。考核评价的结果反过来又能进一步促进教师入职教育体系的完善,就是在这样的相互影响与促进中,体育教师入职教育得以顺利实施,入职评价体系也得以完善。评价方式的选择是多样的,可以由指导教师对初任体育教师进行评价,可以由学校对教师进行常规检查,也可以由学生对初任体育教师的教学进行反馈。具体使用哪种评价方式需要指导教师与学校管理者进行商讨,一般来说,评价方式的使用并不单一,而是将几种评价方式结合起来使用,这样能增强评价的效果。

3.体育教师职后教育

(1)具备前瞻性与多样性。前瞻性指的是超前性、发展性。教育的属性之一是超前性,教育是面向未来的事业,教师职后教育更要具有超前意识。体育教师职后教育必须强调按需施教,让体育教师能学以致用,尤其是注意研究新动向、新技术,还要注重研究人才和技术的需求状况,持续地提供新资讯,使职后教育的发展始终走在前端,发挥对实际工作的超前指导作用。这要求我们提供的体育教师职后教育必须将重点放在更新体育教师教育观念,更新知识结构,不断完善教学手段、方式和内容,只有这样才能实现职后教育的超前性。另外,还要注意体育教师职后教育的多样性。体育教师的职后教育在时间和空间上与传统学校教育相比存在很大差异,体育教师职后教育的发展应试图将这些因素有机整合,甚至应扩展到整个人的各个方面,才能使体育教师的职后教育可持续发展。另外,职后教育的发展要考虑体育教师在不同的职业发展时期有不同的需求反映,根据不同的需求和反映,应体现出体育教师职后教育内容与方法的不同。体育教师职后教育的多样性也应体现在学校教育和社会教育的结合上,以实现各种教育形式的综合统一。

(2)细化体育教师职后教育的目标。教师专业化还关注教师职后教育,不仅为教师职后教育制定了总目标,而且设置了一些具体目标,同时还为具体目标的实现提供了建议。根据教师专业化的要求,我们在设计具体的培训项目时,应根据培训对象的不同,针对不同的培训需求,设置不同的职后教育目标。例如,在体育教师职后教育类别方面,可以细化为面向全体体育教师培训,这些培训可以是岗位培训,也可以是学历再提高培训。对培训的目标进行细致区分,有助于学校在制定与实施教师职后教育时具有一定的针对性。目前,教师专业化发展的要求发生了变化,体育教师职后教育的目标也发生了变化,过去的目标为"学历达标",而现在的目标则侧重于"能力提升"。面向所有体育教师岗位培训的目标是要让体育教师形成正确的教育观念,形成完善的知识结构体系,具备较高的道德素质,能够自觉承担教学义务与责任。

学历再提高的培训目标是要让教师通过必要的培训实现自身学历的提升,学历的提升也意味着教师已经掌握了更为广泛的知识,这同时也在表明体育教师的教学水平也会同时有所提高。

（3）完善体育教师职后教育机制。体育教师职后教育的效果与质量，很大程度上离不开职后教育机制的完善。针对目前各级教育管理部门，尤其是基层学校对体育教师职后教育"讲起来重要，落实起来次要"的状况，应制定相关的政策与法规，通过必要的手段为教师职后教育提供可靠的保障；要为教师建立相应的激励机制，教师的教学任务繁重，对那些在自己岗位上尽职尽责的教师，学校最好可以给予一定的资金鼓励；体育教师专业发展的组织形式不应该固定、单一，而应该呈现出多样化的发展趋势；还需要为职后教师专业发展建立必要的考核机制。通过上述手段来提高体育教师职后教育的质量，促进体育教师整体素质的提升。同时，针对体育教师职后教育培训与当前各校教师发展不相符的情况，各个学校应该统一教师专业发展的理念，将这一理念融到教师职前培养、入职培训与职后教育的环节中，将每一个环节的教师发展任务都落实下来，从而实现教师专业发展每个环节的融会贯通，这样教师自己就实现了自己的全面发展，也能进一步提高体育教师教学的质量。

二、体育教师的能力建设

能力是指顺利完成某项活动或胜任某项工作的才能和本领。对于一名教师来说，他的能力是影响教育教学效果的关键性因素之一。教师在达到必要的知识和智力水平后，专业教育能力是教师不可缺少的特殊能力，与教育教学效果有较高的正相关关系。教师职业要求教师具有九种能力：①理解学生的能力；②通俗易懂地讲授教材的能力；③劝说他人的能力；④组织能力；⑤把握教材分寸的能力；⑥创造性工作的能力；⑦迅速反映教学的情景并在其中保持行动自如的能力；⑧胜任所教学科的能力；⑨引起学生兴趣的能力。

教学能力是教师顺利完成教学任务的必备条件。根据体育教师的职业特征，体育教师应该具备的教学能力主要包括以下几个方面。

（一）信息能力

1. 提升教师信息能力的原则

（1）系统性原则。人类已经进入信息社会，为了进一步适应信息社会的发展，人们必须具备一定的信息素养，这是当今社会对人的基本素质要求，对于体育教师也是如此。所以，在提升体育教师信息素养时，必须全方位地进行考虑，不仅要求教师扎实掌握信息技术理论知识，还要了解信息伦理、信息安全等其他知识；不仅要求教师在体育教学过程中要具备信息消费意识，还要能够有意识地向学生共享知识，丰富学生的知识体系。最重要的是，体育教师必须将自己的信息能力运用到体育教学中去，实现信息技术与体育课程的整合，在整合过程中，教师可以进一步提升自己的信息能力，同时，体育课堂教学的效果也能得以提升，最重要的是，学生的信息素质也能够有所提升。

（2）分层次原则。教师信息素养的获得与提高可以通过培训进行，但是在培训过程中，高校要清楚地认识到，每一个教师生长的环境不同，教育背景不同，这就要求高校要根据教师的实际情况进行分层次培训。一般来说，培训的内容主要包括以下三个方面。

1）普及层面。这一层面的内容涉及普及最基础的信息技术，培训对象为那些信息能力比较差的教师，不仅培训他们的信息知识，还会培训相应的信息技能。进行这些基础培训的主要目的是要让教师充分掌握信息技术的一些基础操作与技能，同时，还需要指出的是，这一培训模式具有较强的模仿性，也带有一定的强制性，不少学校已经出台相关规定，要求教师满足这一基本要求。

2）提高层面。一些掌握了基本信息技术的教师将是重点培训对象。要求教师不仅要能扎实掌握这些信息技术，还能在体育课堂教学中灵活应用，实现信息技术与体育课程的有效融合。培养的目的是让教师掌握基本技术,并将这些技术进行内化,转化为可以在课堂上应用的能力。

3)深入层面。这是对教师信息素养培养的最高层面,主要的培养对象是信息技术骨干。要求他们不仅能全面掌握信息技术,还能在很大程度上创造性地运用这些技术,更重要的是,还能根据这些技术与课程要求挖掘资源、开发软件。对他们进行培养的目的就是使其可以通过自己较强的信息技术能力指导其他教师,从而使全校教师的信息技术能力都能有所提高。

(3)针对性原则

1)利用计算机和网络来获取信息的能力。计算机与网络是这个时代非常热门的字眼,尤其是在教育领域,这就要求每个教师可以具备熟练操作计算机、运用网络的能力。信息技术不仅带来了教学模式的改变,同时也带来了学生学习模式的改变,在信息化的学习环境中,学生学习质量的提高与自己的资源获取能力有着密切的关系。以前,教师可以在课前搜集相关资料,以供学生学习。现在,教师需要积极鼓励、引导学生自行从互联网上获取知识,同时还要就获取的方法给予学生恰当的引导,以保证学生获取知识的效率与质量。如果从表层来看,在学生获取知识的过程中,教师的角色似乎被淡化了,其实不然,教师需要具备比以往更全面的素质,不仅要求教师自己要具备较高的信息能力,还要求教师可以培养出信息能力强的学生。

2)利用计算机和网络等信息技术进行教学的能力。随着教育信息化的逐步推进,社会上涌现出来的一些新的信息技术开始在体育课堂上使用,这些信息技术进一步增强了教师与学生间的互动,同时还让体育课堂教学的有效性得以实现。利用这些信息技术,教师可以给学生提供更加多样的内容,同时也能选择更加合适的教学模式,这样学生也能获得不错的学习体验,从而更加自觉地进行体育知识学习。

2.提升教师信息能力的策略

(1)高校层面

1)建立专门机构,推动专业发展。在信息化时代,高校体育教学也必然有其发展的趋势——教学信息化。国外在设置教师教学发展体系方面有着较为成熟的经验,我们可以借鉴国外先进的经验,在结合我国教师培养实际的基础上,创新出适合自己的教师培养模式。为了进一步推进教学改革,提高教学质量,高校为教师建立了良好的培训机制,最重要的是,为教师建立教师发展中心,能有一个专门的机构来指导教师工作,这样就能使教师获得更加高效的服务,同时,其信息素养培训也会更加科学。

2)突出服务意识,从内引导教师的教学行为。教师教学发展中心在给教师提供服务时不能想当然,而是要从教师的实际需求出发,一方面,每个教师都是不一样的,在教学理念、模式等方面有着显著差异,这就要求教师教学发展中心可以向教师提供个性化教学咨询服务,可以邀请一些在教育领域有影响力的专家坐镇;另一方面,对于那些在教学过程中尽了力却没有获得理想的教学效果的教师,要为他们建立档案,根据教师教学效果不佳的原因有针对性地对教师进行帮扶,最好可以深入教师的课堂,从而从实际出发为教师提供教学的可行化建议。

3)整合统筹教学资源,通过教学交流和教学研究提升教师教学能力。教师教学发展中心首先必须明确自己的定位,在此基础上要赢得学校的支持,然后在学校各部门的配合下推动教师发展工作,从而有效保证了教师间的互动与交流。另外,教师教学能力提升的一个关键在于教师自身的反思,因此,教师教学中心也应该认识到这一问题,在教师专业发展理论的支持下,在教师课堂教学实际情况的基础上,创新教学介入模式,让教师可以全面地对自己的教学过程进行审视,从而使教师可以更加了解自己的教学优势与不足。高校还可以为教师组织一些教学研讨会与咨询会,教师彼此之间进行交流,从中了解教学信息化的其他方法,促进自身能力的提升。

4)实行灵活多样、长期有效的培训机制。教师教学能力的提升除了需要教师自觉加强教育教学知识的学习外,还需要对新教师、青年教师进行培训,因为这部分教师教学经验不足,容易在教学中不知所措。当前,高校教师培训工作开展得并不顺利,培训内容陈旧、培训方式单一等固有问题依然存在,这导致教师培训的效果非常不好。对于这些问题,高校必须转变固有的培训观念,在借鉴其他高校培训经验、结合本校教师实际情况的基础上探索新的培训模式,从而进一步丰富培训模式体系,让教师可以获得更加全面的培训体验。首先,从培训内容上来看,职前要重视对理论知识的培训,而到了职后,则需要对实践技能加强培训;从培训方法上来看,要根据每个教师的特点对其进行分组,这样就让问题有了针对性,可以对每组有着同样问题的教师开展针对性培训,这样就有效提高了培训的质量与效率。其次,要将传统培训与网络培训有效结合起来,高校要充分利用互联网,为教师构建一个高效的培训平台,这样教师不仅可以在线下接受培训,也可以在线上接受培训,同时,一些教师在线下不敢提出的问题,在线上也可以随意提出。最后,高校还要为每一位教师建立成长电子档案,及时掌握每一位教师的培训轨迹与实际情况,从而根据教师的实际,制定后续的培训计划。

5)健全评价体系,保障激励机制。建立合理的教师评价制度,完善指标体系和反馈程序。过去,教师评价制度比较单一,无法确保评价的科学性,因此,要从多角度出发,结合本校教师与学生的评价,进一步完善教师评价制度;要重视对教学质量评价指标体系的研究,要认识到教学是一个复杂的活动,其中的每一个要素的变化都会带来整个教学系统的变化,因此,要对教师、学生、外部环境等教学要素进行重点分析,并在此基础上制定更加合理的量化评价指标;还要加强评价结果的反馈,这样教师就能认识到自己在教学过程中存在的不足,进而在后续教学过程中进行调整与改善,保证教学的质量。

6)注重政策制度导向,保障教师教学能力的长效发展。教师的主要工作是教学,但是在教学之外还有研究任务,高校要鼓励教师积极进行教学实践、教学理论等层面的研究,为教师的研究提供资金支持,从而进一步激发教师研究的积极性。另外,要特别重视对教师进行精神层面的鼓励,在全校范围内培养信息化教学带头人,加强团队建设,从而让他们成为推动信息化教学发展的重要力量;高校领导要进一步确立教师培养在高校工作中的重要地位,转变教师培养理念,引导教师全身心地投入教学工作;还要进一步规范教师的行为,采取一切必要的手段激励教师进行教学设计的优化工作,从而有效提高教学的质量;从信息化领域引进一批人才,从而使信息技术与课程教学的融合更具科学性与合理性;在信息技术的帮助下,建立相应的教师教学质量分析系统,从而全面掌握教师的教学动态,清楚教师的教学问题。

7)建立良好的激励支持环境系统。高校应该借助信息技术为教师构建一个良好的教学环境,同时还要为其建立一个可以相互交流的学习平台,这样就为教师教学能力的培养与提高提供了坚实的物质基础,同时,高校还应该加大信息化硬件设施的投资,将那些能够促进教育信息化发展的信息技术设备引入校园之中,同时还要加大对校园信息资源的优化,从而使信息化资源可以获得科学的管理;在总结教学现状的基础上探析教育教学规律,并在校园内为学生营造一种自主学习氛围,同时,更要为教师之间的互相学习提供方便,让他们可以在信息交流平台上完成教学资源的共享与交流。

8)促进科教融合,引导教学创新。在信息技术的辅助下,知识的更新速度变快了,这就要求教师时刻在专业知识学习方面保持较强的渗透性与前沿性,能准确把握专业知识的研究轨迹,也就是要从学术角度对专业知识予以把握,这种对学术研究成果进行把握与总结的活动就是一种学术活动。同时这也表明,教师的教学活动必须与教学的学术性要求相一致,可见,教学不仅是一种单纯的教师教—学生学的活动,它还存在大量的学术成果的应用。将教学与科研结合起来就是科教融合,科教融合是十分重要的,它实现了科研成果向应用的转化,同时还有助于教学模式从以教师为中心向以学生为中心发生改变,更重要的是,它在提高教学质量的同时,还进一步丰富了学术研究的成果体系。

（2）教师自身层面

1）提高高校教师对信息技术的绩效期望。信息技术能够满足教师应用信息技术改善教学的需求，这就是绩效期望，一般来说，绩效期望可以极大地影响教师运用信息技术开展教学活动的意愿。高校应加大资金投入，从整体上提高全校的信息化办公水平，让教师感受到信息化带来的便捷，同时，还要组织教师参观那些在教学信息化方面做得好的学校，让他们与这些学校的教师进行深入交流，从而了解别人优秀的教学经验，这对于提升自身教学能力至关重要。

2）提升高校教师对信息技术的努力期望。信息技术在教学中的应用变得相对容易，教师使用信息技术的意愿就会越强烈，这就是努力期望，它同样也会影响教师对信息技术的使用意愿。首先，简化高校教师对信息系统的操作程序。教师在使用信息技术进行办公、教学的过程中，可以感受到信息技能操作是在自己的可操作范围之内的，这就说明教师达到了信息技术的努力期望。所以，高校教师所使用的信息技术应该尽量简洁、易操作，同时在内容上也要更加趋于智能化。其次，高校建立相关技术和学术指导部门。建立这一部门的主要目的是对教师进行有计划的培训与指导，这样才能保证教师培训的有效性，同时也有助于提高教师的信息能力。在培训过程中，相关部门必须创新培训模式，可以采用互帮小组、学术沙龙等形式开展培训，一方面，能够增进来自不同高校的教师的了解，另一方面，还能让教师获得从不同视野看问题的能力。在相关部门的指导下，在教师的努力下，他们将会更加容易掌握信息技术，并能在课堂教学中高效地利用信息技术完成教学任务。

3）改变高校教师对信息技术的社群影响。教师周围的同事与朋友使用信息技术的行为与感受对其所产生的影响就是社群影响，而且这种影响也特别显著。因此，高校可以经常组织教师畅谈使用信息技术的心得，这样教师就能从中了解其他人使用信息技术的感受,如果别人的使用感受不错,教师也会自觉地去接受信息技术,在课堂教学中使用信息技术。

一是高校层面建立有效的奖励机制。高校应该建立一套完善的奖励机制,鼓励教师进行基于信息技术的教学方法革新,对于取得创新成果的教师,高校可适当给予其一定的资金鼓励,这样教师不仅获得了进行科学研究的乐趣,而且还能在物质上得到满足,此后,教师势必更加愿意在教学中应用信息技术。

二是建立有关信息技术的学术沙龙。高校可以将对信息技术在教学中的应用感兴趣的教师集合起来,建立一个相关的学术沙龙,教师可通过商量确立每周或每月在哪一个具体的时间举行交流会,教师可在交流会上探讨在应用信息技术过程中遇到的问题,也可以展示信息技术应用的成果,从而达到在教师之间产生积极影响的目的。

4)增强高校教师对信息技术的自我效能感。教师利用信息技术完成教学的自信程度就是自我效能感,效能感越高,教师认为自己利用信息技术完成教学的信心就越强。要想提高教师的自我效能感,就要让教师全面掌握有关信息技术知识,提高其信息能力。因此,高校要注意加强对教师进行信息技术知识与技能方面的培训,从而使教师坚定自己可以在教学中高效运用信息技术的信念。

一是提高高校教师的信息意识。通过阅读与信息技术相关的书籍,教师是可以提高自己的信息意识的,所以,高校应该开放图书馆的所有资源,同时利用电子图书馆为教师提供实时指导,这样教师就能随时随地学习信息技术知识。

二是提高高校教师的信息技能。教师信息技能的获得与提高要从实践中来,因此,教育管理部门与高校要多为教师提供培训的机会,不仅要培训他们信息技术理论知识,而且还要给予他们实操的机会,在实践操作中教师的信息技能才能得以提升。

(二)表达能力

体育教师是人类体育文化的传播者,学生在校的体育学习主要是在体育教师的指导下获得体育专业的基本知识、基本技术和基本技能。因此,体育教师的表达能力直接影响着教学质量和效果。从体育教师在教学过程中向学生传递教学信息的表达能力来看,主要包括以下方面。

1. 语言表达能力

这是体育教师进行教学指导时最直接、最常用的教学表达方式。体育教师通过口头语言激发和调动学生的学习积极性、主动性,启发学生思维,简明扼要地讲清楚动作要领、技术关键和练习方法;通过体育口令指导学生练习。为此,体育教师必须吃透教材,深入了解学生的学习特点,做到语言生动、简练、有趣,并恰当地利用好语气、语调、语速等副语言方式;体育口令作为体育教学中所特有的专业性语言,也是体育教师的一项"门面功",要求口令清楚,发音准确,声音洪亮,富有节奏感。

2. 身体姿势的表达能力

这是体育教学区别于其他学科,传递教学信息最突出、最有效的表达方式。体育教学中最独特和最普通的身体姿势表达方式就是动作示范,动作示范是体育教师把教材内容转变为直观形象展示给学生的一种教学手段。学生通过观察教师的示范动作,形成动作表象,并在模仿的基础上反复练习直至掌握教材内容。因此,体育教师的示范动作必须正确、规范、优美、娴熟。体育教师除了动作示范之外,还可以通过击掌、眼神、面部表情等非语言方式进行教学表达。

3. 运用图物表达能力

体育教师可以在教学中运用图物表达能力,通过图表和实物来更直观地传达教学内容,提升学生的理解能力和学习效果。

(1)示范动作图表:体育教师可以设计示范动作图表,将体育动作分解为关键步骤,并用箭头、标签等方式标示每个步骤的动作要点。这有助于学生更清晰地理解和模仿动作,提高动作的准确性。

(2)训练计划图表:在体育锻炼中,制定合理的训练计划至关重要。体育教师可以通过图表形式展示每周的训练安排、锻炼强度和时长,让学生一目了然,更好地管理自己的训练计划。

(3)身体部位图表:为了帮助学生理解人体结构和运动原理,体育教师可以使用身体部位图表,展示不同肌肉和关节的名称、位置以及在各种运动中的作用。

(4)比赛策略图表:在体育竞赛中,制定合理的比赛策略能够增加胜利的机会。体育教师可以用图表说明不同比赛阶段的策略,如攻守转换、战术变化等,帮助学生更好地理解比赛过程。

(5)运动数据图表:通过绘制运动数据的图表,如速度、距离、时间等,体育教师可以帮助学生更好地分析自己的表现,找到提升的空间,激发学生的进步动力。

(三)组织管理能力

教师在教学过程中发挥着主导作用,这种主导作用具体体现在教师对教学活动中"人流""物流""信息流""时间流"的综合调控。从体育教学的特点来看,体育教师的组织管理能力主要表现在以下方面。

1.体育课的组织管理能力

体育课是体育教学活动的主要环节,是实现学校体育教学目的的基本组织形式。因此,组织管理好体育课是体育教师最基本的教学能力。体育课的组织管理能力反映在:教学内容与形式的继承和创新、运动负荷的控制与调节、教学场地与器材的合理布置及运用、教学骨干的主动培养与大胆使用等方面。

2.教学内容的组织加工能力

作为一名教师要想取得理想的教学效果,首要的是具备教学内容的组织加工能力。换言之,体育教师应当根据体育学科的逻辑结构和学生的认知结构特点,制定合理的教学目标与可行的教学计划,做到教学内容主次分明、繁简得当。

3.课外体育活动的组织管理能力

学校的课外体育活动主要包括早操、课间操以及课余体育锻炼、训练和竞赛等形式。体育教师不仅要组织管理好体育课,同时也要组织管理好课外体育活动。体育教师必须具备指挥能力、体育健身的指导能力、运动训练能力、群众性体育竞赛工作的组织能力和裁判工作能力。

(四)体育科学研究能力

体育教师的科学研究能力对于提升教学质量、推动体育领域的发展至关重要。体育教师应具备的科学研究能力具体如下。

1.问题意识和选题能力

良好的科学研究起点是敏锐的问题意识和合适的选题能力。体育教师应当对体育领域中的热点、难点问题有深入的理解和洞察,能够从实际教学和训练中提炼出具有研究价值的问题。

2.文献检索和综述能力

在进行科学研究时,体育教师应当具备良好的文献检索和综述能力,能够系统地查阅相关文献,了解国内外研究现状和进展,为自己的研究提供充分的理论支持。

3.研究设计和方法选择能力

在确定研究方向后,体育教师需要合理设计研究方案,选择适当的研究方法,确保研究的科学性和可靠性。这可能涉及实地调查、实验设计、问卷调查等多种研究方法。

4.数据收集和分析能力

体育研究通常需要收集和分析大量的数据,体育教师应当熟悉使用统计软件,能够对数据进行合理的处理和分析,得出科学的结论。

5.科研论文撰写和沟通能力

一项优秀的研究需要将研究结果清晰准确地呈现出来。体育教师应具备撰写科研论文的能力,包括选取合适的结构、语言表达等,同时能够在学术会议和学术交流中与同行进行有效的沟通。

6.创新意识和跨学科合作

科学研究需要创新的思维和跨学科的合作。体育教师应当有意识地关注其他领域的发展,寻找创新点并积极与其他领域的专家合作,拓宽研究视野。

7.持续学习和自我提升

科学研究的领域不断变化,体育教师应当具备持续学习和自我提升的能力,及时关注新的研究方法、技术和理论,不断完善自己的科研水平。

第二节　体育教师课堂教学阶段的技能提升

一、体育教师课前的技能提升

(一)体育教学课前分析技能

1.教材分析与处理技能

教材分析,就是将教材分解开来,认识它的每个部分或每个层次的实质,乃至整个教材的实质,然后通过综合分析,获得对教材整体的深刻认识。教材处理就是对教材分析的结果进行精选、整理、加工和组织,将知识信息由储存状态,转变成有利于学生接受、理解、加工和掌握的可以输出的状态过程,也就是将教材内容转化为教学内容的过程。

（1）教材分析技能的功能

1）有助于实现教学目的和任务。现代的体育课堂教学不仅仅是单纯地传授体育基础知识、基本技术和基本技能，而是在传授体育基础知识、基本技术和基本技能的同时发展学生的体能，促进学生的身心健康、全面发展，培养学生的体育运动兴趣、体育锻炼意识、体育锻炼习惯、体育锻炼能力、交往能力及体育精神等。为实现这些目的，教师就必须深入细致地解读单课教材、熟悉单课教材，并揭示单课教材的内容结构、特点、作用及内在联系等，才能了解和把握住单课教材在对学生进行全面发展教育中发挥出的功能和作用，才能为全面完成体育课堂教学目的提供有效措施。

2）有助于教师认识教材的结构与特点。任何单课教材都有一定的结构和特点，这种结构不仅是该单课教材内容在整个课程中的地位、任务、要求、功能、特点及相互间联系的形式等科学体系，还有对其的认识体系和表述体系及相互间的联系。这三种知识体系相互渗透、相互联系而形成自己独特的单课教材结构与特点，并在体育课堂教学中起到促进学生身心协调、全面发展的功能与作用。这就使得教师必须系统认真地解析单课教材的结构与特点，把单课教材的内涵挖掘得更深，才能真正吃透和把握单课教材的结构与特点，以便充分发挥单课教材的综合育人功能，提高课堂教学质量。

3）有助于发挥教材的整体功能。每节课的教材内容组成虽然都是相对独立的单位，但其在整个课程结构中与其他各部分教材内容都是相互联系、相互关联的，通过对其分析可以了解该节课的教材内容在整体教材中的地位、作用及与各部分教材内容间的关系。这可以使教师从教学时间分配、课次确定、教学内容的组成与衔接等方面协调与各部分单课教材内容间的关系，并对本次教学所采用的教学模式及要点进行仔细分析与研究，从而充分发挥单课教材的整体功能。

4）为教师设计教学方法、编写教案提供依据。教师对单课教材的内容、性质和构成等熟知程度是设计教学过程、方法及编写教案的基础，而且也直接关系到课前教学设计的水平,进而影响到体育课堂教学的质量和效果。通过对单课教材的详尽解析可以使教师深入了解到单课教材的内容组成、结构、特点及单课教材在知识、技能、智力发展、体育道德、社会适应、心理品质等方面全面发展的教育功能,对教师确定教学目标和任务、教学重点和难点、教学方法的选择、教学的组织与实施、课堂结构、教学模式、教学过程的优化设计及编制教学方案等方面提供较为准确可靠的依据。

(2)教材分析技能的构成

1)教材内容的分析。单课教材内容的分析,首先要明确单课教材的具体名称、教学内容、时间安排、课次、类型及其来源等基本情况;其次要抓住重点、判断难点、明确特点以及教学渗透点,以把握单课教材内容的整体面貌、知识要点及其相关因素。

2)教材结构的分析。单课教材结构的分析,是侧重于教材内容的构成关系、逻辑顺序和组织形式等,即对单课教材内容的知识进行基本结构分析,并对其在该教材体系中所处的地位、作用及其与内容间的联系等进行解析,以尽可能地为学生提供一个完整的知识结构。

3)教材特点的分析。单课教材特点的分析,是以教材的整体为背景,详细分析单课教材的内容特点、运动项目特点及技术特点等,以为教学目标的确定、教学方法的选择、教学组织形式的设计提供必要的支持。

4)教材功用的分析。单课教材功用的分析,不仅要对单课教材内容的健身功能、健心功能和育人功能进行解读,还要对学生学习体育运动知识、掌握运动技能和方法、增强安全意识和防范能力、提高学生的社会适应能力等方面的功效进行详尽分析,明确学习目的,激发学生的学习动机。

(3)教材分析技能的方法

1)知识结构分析法。知识结构分析法主要是以分析单课教材内容知识与结构为主线,通过分析要掌握的知识体系,对单课教材内容在教材的整体、章、单元和课时中的地位、重点和难点及其内部结构关系和特征进行剖析,建立清晰的体育知识和技能体系结构与结合方式,以更全面深刻地理解单课教材内容,进而确定教学目标和教学方法,提高对单课教材内容的处理能力,以达到理想的体育课堂教学效果。

2)心理分析法。心理分析法是从学生学习的心理过程入手,挖掘和研究单课教材内容与教学中的心理因素。首先从分析教材的心理因素入手,分析单课教材的内容特点、功能和作用等方面如何适应学生的心理发展特点,发展学生体能,掌握运动技能,促进身心协调、全面发展;其次是分析学生在体育学习的具体环节中预期的心理过程、特点及其障碍,以便在课堂教学实施过程中更好地落实教学方法手段和要求。

3)方法论分析法。方法论分析法是以学生在学习过程中,学习体育运动知识、掌握运动技能和方法为线索,对单课教材内容的技术结构、特点、要求及教学方法等进行剖析与挖掘,总结其方法论因素。体育课堂教学一般普遍采用"示范—讲解—练习—指导纠错—再练习"的教学模式,以这种模式学习体育知识和技能的过程中就蕴含着重要的方法论因素,而在对教材分析中如何将对学生掌握基本的体育保健知识、运动技能和方法产生良好效果的潜在方法论因素发掘出来,自然是教材分析中的一大任务。

4)系统分析法。系统分析法就是把研究对象放到系统之中加以考察的方法,即从系统的观点出发,着眼于系统与要素、要素与要素、系统与外部环境之间的联系,综合而又精确地掌握系统本质及其运动规律,以达到最佳处理的方法。依据系统的整体性和有序性原理,首先把大纲和教材看作是一个教学系统来分析教学大纲对体育教学的目的和要求,处理教学内容的若干原则、教材安排(包括课时分配、校本课程),教学中应注意的问题及教学的具体内容;然后再对教材的内容、结构、特点、功能与作用等进行重点深入分析,并在运动参与、运动技能、身体健康、心理健康与社会适应四个方面设置相应的学习目标、选定教学方法,这样才能在一定程度上了解和把握教材,处理好教材。

(4)教材处理技能的途径

1)调整教材内容。教材内容的调整主要包括:对符合课堂教学目标的教学内容做取舍;对具有时代气息或最新研究成果的资料增补到教学内容中;对教材中不够准确或不够完善的内容进行校正;对教材表述不够充分或不足的部分予以扩展或充实;对教材中不适宜部分加以改造增大其效能;调整教材的原有结构或顺序以便于学生接受和学习。

2)加工教材内容。教材内容的加工主要包括对教材内容的学科思想、结构特点、功能作用及教学方法等进行深化挖掘,以刺激学生的学习兴趣;对教材内容的重点和难点做深入浅出的易化转化,使其易于学习和掌握;将教材内容的知识点归属到一定类别上进行类化,以扩大知识范围,有助于举一反三、触类旁通;把繁杂的知识或技能简洁化或简明化,以起到执简驭繁的作用;把教材内容组织成有层次的网状结构,使学生形成整体观念。

3)组合知识信息。知识信息的组合主要包括:向学生传送确定性知识信息的同时,也要使知识信息带有一定程度的模糊性或概括性特点,以利于学生利用自己已有的知识或技能经验去思考和学习,从而获得一般能力的发展;不仅要向学生传送知识、技能与技巧信息,还要传递语言和思维、观察力、审美感、道德感及体育精神等促进学生个性发展需要的多维信息;尽量把教材中核心的有效的统摄性强的信息成分加以提炼和浓缩,形成纲要性或简约性的信号向学生传递;运用动作示范、模型、图解、图像等直观的演示形态呈现与讲解、提问、评价等抽象的语言形态呈现相交替结合使用方式,不仅能提高学习效率,也能刺激思维能力的发展;对知识信息的处理既要解释其规律,又要用典型事实或范例说话。

4)组织教材内容。教材内容的组织主要包括课堂教学目的明确,重点突出,把教学力量放在关键性问题上;课堂教学安排注重层次、结构和张弛节奏,遵循循序渐进的学习原则;尽量使新知识或技能经验与学生已有的知识或技能经验建立实质性的联系,使课与课之间建立起序列关系,表现在知识和技能的连贯与迁移及螺旋式的巩固提高,对易犯错误的有计划指导与纠正,以符合学生的认知规律。

2.学情分析技能

学情分析是教师对教学对象已有的体育知识与技能水平分析、教学对象需要形成的体育知识与技能水平构成成分分析以及教学对象在生理、个性心理、智力、能力发展等方面特点的分析。学情分析的内容主要是对学生当前的状态和特征进行分析,这是处理教学内容、确定教学起点的基本依据,也是教学设计的源头和重要组成部分。

(1)学情分析技能的功能

1)学情分析是构建教学内容的前提。体育与健康课程的教学内容都是根据社会需要与学生的生理与心理特点、体质健康状况和接受能力等精心选择。教师只有了解学生的体育兴趣、动机、身体素质状况和潜在能力,才能正确解读教材,恰当确定教学内容及重点、难点和关键,才能做到心中有数、有的放矢地组织有效的课堂教学。

2)学情分析是确定教学目标的基础。只有真正了解学生已有的体育与健康知识、技能水平以及学生的认知—运动能力特点等,才能比较准确地把握学生学习活动中的最近发展区,从而才有可能在认知与技能目标、体能与健康目标、情感目标等三个维度上确定恰当的教学目标。

3)学情分析是教学方法选择的依据。不同地区、学校和学生之间都存在不同的差异,各地区和学校要根据体育与健康课程目标与教学内容,特别是学生身心发展特点,合理选择和设计教学方法,真正落实"以学生为中心""以学定教"的教学理念。

(2)学情分析技能的构成

1)学生生理和心理特点分析。在生理方面,学生的体格、体型和身体姿势等身体形态发育上,体能、机能和精力等身体状态上,各年龄阶段都具有明显的年龄特征,在神经系统、呼吸系统、心血管系统、骨骼肌肉系统等身体机能方面也存在很大差异;在心理方面,学生不同年龄阶段的注意特点、思维发展特点、情绪调控特点及意志品质特点等也都存在很大不同。具体表现为学生的情绪、情感、思维、意志、能力及性格还极不稳定,具有很大的可塑性和易变性。通过分析了解他们在生理和心理上与学习该课程内容是否相匹配及可能产生的知识误区,充分预见可能存在的问题,并对其有针对性地加以分析,使教学工作具有较强的预见性、针对性和功效性。

2)学生个体差异分析。在实施教学之前,教师必须了解和分析学生的身心发展状况、个体差异及其学习的准备状态,这是教学的起点,并以此来解释和预测学生的各种行为反应。即了解和分析学生的体育学习兴趣、成就动机的差异,学生理解与掌握新知识、新技能的能力以及独立学习与结伴学习如何,学生持续一贯个性特征的学习方式等方面。据此安排相应的教学内容,施以不同的教学方法、教学手段、运动负荷、组织措施等,做到区别对待;设计体育课堂教学任务的深度、难度和广度,以采取因材施教、变通灵活的教学策略;教师结合教学经验和课堂观察,敏锐捕捉相关信息,提出具有一定挑战性的学习任务与学习方式,尽量"取学生之长、补学生之短",以形成学习的"集体性格"。

3)学生认知—运动能力分析。学生的认知—运动能力,是指以肌肉收缩为特征的运动活动过程中,人的认知活动表现水平,包括运动知觉、运动表象、运动记忆、运动思维、运动注意等。教学目标、内容、方法、手段等制定与选择都要以学生所具有的认知—运动能力为基础,以确保学生能独立或在教师及同伴的帮助下完成学习任务。若教学目标、内容的制定与选择超出了学生的认知—运动能力,就无法体验所学动作的肌肉感觉,建立不起应有的动作表象,无法进行有效的注意分配和转移,储存不了运动技能的信息,也无法了解教学内容要求;但教学目标、内容的制定与选择低于学生的认知—运动能力,那只是低水平的重复,学生身心能力得不到发展,也达不到教学要求。

4)学生运动基础和经验分析。了解学生已有的知识与技能、身体素质、学习兴趣与动机、学习态度与习惯等与体育运动内容相关的经历和水平,是否具备了新的学习所必须掌握的知识与技能,作为学习新内容的基础;了解学生已掌握体育与健康学习的方法与能力状况,分析学生对新学习内容的目标技能掌握情况,并认真分析和确定学生的学习起点状态;分析学生对体育与健康知识以及技能学习的认知与态度,了解是否存在偏爱或误解。明确课堂教学的内容、教学方法、教学手段及学法指导,才能做到有的放矢,并做好承上启下、新旧知识和技能的有机衔接工作,使课前预计与学生的实际情况达到基本吻合,创造出最优教学效果。

5)学生学习任务分析技能。对学生的学习任务分析主要是从学生原有的体育知识和技能水平与到达教学目标之间所需的体育知识与技能,并确定这两者之间的层次关系,其目的就是要确定终点目标与使能目标的前提条件。在分析任务的过程中,都是从终点目标开始的,即学生的学习任务一般围绕教学目标的认知与技能目标、体能与健康目标、情感目标等三个方面达成的水平而展开,但在实际教学中,教师可以根据体育教学需要或实际情况有所侧重地分析学生的某些方面,不一定要对学生的所有情况面面俱到地加以分析。

(3)学情分析技能的方法

1)观察法。教师作为旁观者在自然状态下,置身于学校或课堂中,以明确的观察意识和洞察能力,有目的、有计划地准确全面考察学生的一举一动、一言一行,透过学生的外表与行为洞察其内心思维活动的一种方法,这是教师了解学生和分析学情使用频率最高、最重要的方法之一。教师在观察时,要做到准确、全面,而且要掌握一定的观察方法,有目的、有计划地持久进行。

2)访谈法。访谈法是教师通过与学生、学生家长或其他教师进行面对面交谈,对学生在体育运动的兴趣、动机、态度、习惯以及已有的体育知识与技能水平及其需要等方面进行深入了解,不仅可以沟通师生之间的情感,还可以及时深入地了解学生的思想与素质状况,并对其进行反思。与学生访谈前教师要认真考虑访谈的目的、中心内容,并选择有代表性的学生为对象;访谈时教师态度要亲切、诚恳、和蔼,针对不同学生的特点要注意谈话方式方法;访谈后还要做好必要的记录。

3)资料法。教师通过查阅学生的作业、笔记、试卷、班级日记及成绩单等相关已有的文字记载资料,间接了解、分析学生已发生的事情或固定的基本情况,可以比较系统地了解班级学生群和学生个人的学习、生活、思想、个性等方面的情况,并以此作为体育教学的重要依据。

4)问卷法。问卷是由体育教师根据需要设计体育专题问卷或量表进行调查,它是直接了解学情的一种方式。问卷一般分为开放型和封闭型两种。问卷设计必须体现效度原则,即问卷中问题应能反映问卷的目的和要求,并具有鲜明的针对性,要突出主题,简明扼要,易于回答。

5)测试法。一般是通过学期前对学生的体育与健康知识、技术动作、身体素质或学习态度等采取摸底考查、测试,了解学生已具备的基本情况、起点能力或倾向,使体育课堂教学设计更具有针对性和实效性,以保证课堂教学目标完成的一致性。

3.重点与难点分析技能

教学重点是指在相对固定的教学时间范围内,师生投入主要的精力和时间,而且在本节课的体育与健康知识和技能技巧学习内容中属最重要、最关键的教学部分。教学重点即学生整体体育与健康知识和技能技巧形成网络中的连接点,也是教师设计教学过程的主要线索。

教学难点则是指学生在课堂学习过程中,不易理解的体育知识或难以掌握的技能技巧以及新旧知识和技能技巧的连接点或转折点部分。这些学习内容或是由于知识和技能技巧本身较复杂、难度较大而使学生难以接受,或是由于学生缺少必要的素质基础或技能而使学生难以接受,或是由于教学或教材安排时间或顺序不当而造成学生学习难度的增加。

难点不一定是重点,有些内容既是难点又是重点,这就要求教师要在课前做好充分准备与预判,既要根据单课的教学内容又要结合学生现有的实际水平情况和发展目标等来确定,同时教师还要选用多种有效的教学方法和手段来突破难点,做到有的放矢,达到提高教学质量的目的,为以后新知识和技能技巧的掌握创造有利基础。

(1)重点与难点分析技能的功能

1)掌控课堂教学的需要。由于目前使用的体育与健康课程教材内容范围更广,可延伸的空间更大,对单节课的重点与难点的把握上很容易进入一些误区。因此,为正确把握好课堂教学的重点与难点,就必须对课程标准的各级学习水平,运动参与、运动技能、身体健康、心理健康与社会适应四个方面的学习目标、要求、评价要点等方面做出正确解读的同时,还要深刻理解和分析体育与健康课程教材的整体内容、知识与技能结构特点等,再把教材内容合理地分成几个教学阶段,明确各教学阶段的完整知识体系框架和教学目标,然后再确定每个教学阶段的教学重点与难点,以更好地掌控课堂教学的重点与难点。

2)提高课堂教学效率的需要。在体育课堂教学中,教学的重点与难点是动作技术的核心,技术动作的掌握和取得良好的教学效果主要取决于正确把握教材和课堂教学内容的重点与难点,并根据学生的具体状况,找准教学关键点和教学入口,围绕教学的重点与难点精心组织、设计和展开教学。因此,在体育课堂教学中抓好、抓准教学重点与难点,充分发挥重点与难点的重要作用,是优化教学过程,提高课堂教学效率和质量的有力保证。

3)提升教师基本技能的需要。体育课堂教学的重点与难点是教师在体育教学中要解决的核心问题,对教学的重点与难点掌握情况如何,直接决定着教师教的质量和学生的整体学习效果,这是教学过程中非常重要的环节,只有抓住这个核心环节,才能真正地解决体育课堂教学所需要解决的问题,从而更好地达到体育课堂教学目标。这要求教师必须具备和提升自己的教学基本技能,根据体育知识与技能特点及学生的认知规律,正确定位与把握体育课堂教学的重点与难点,突出学生的主体地位及教师教学的主导作用,以反映出教师对教学内容理解的专业素养,教师对教学过程和对学生学习情况的预测能力以及教师所具备的体育专业知识与技能的基本功。

(2)重点与难点分析技能的构成

1)动作结构。动作结构是动作各部分组成搭配方式和排列组合的顺序。从动作组成内容上分技术基础和技术细节,其中技术基础为基本结构,较为规范,须按一定顺序和必要的节奏组建和运行,不能任意改动,而技术细节则是技术基础部分的扩展、延伸或补充,且具有更多的个人特点,如投掷项目的预备姿势、滑步(助跑)、最后用力、缓冲即为典型的结构。这要求教师要认真分析运动项目固有的技术结构,寻找技术结构中学生相对较难掌握的关键环节和细节,并以此确定教学的重点与难点。

2)关键环节。一个完整的动作技术都是按一定顺序、节奏组成的基本技术结构。一个动作技术无论有多少个复杂的技术环节,在其动作结构中必有某一关键环节为重点环节,即为课堂教学的重点,而只有清楚地掌握了动作技术结构,才能从不同的技术结构中分辨出要重点掌握的关键环节和难以掌握的关键细节。例如,跳高技术环节中的"起跳"、投掷技术环节中的"最后用力"、跨栏技术环节中的"起跨"。重点技术环节在掌握完整的动作过程中起到决定性作用,它是影响教学效果的重要因素,也是体现教学效果的主要标志。

3)关键细节。每个动作技术都是由技术细节将各个技术环节进行环环相扣、紧密衔接组织而成,其中最主要、最难掌握的技术细节对学好该动作技术起到决定性作用,这个技术细节即为教学难点,它将直接影响技术环节的学习质量与教学效果的好坏。如蹲踞式跳远的教学难点是快速准确助跑踏板和快速充分起跳相结合。教师在课堂教学中考虑突出重点的同时,应找出产生难点的原因,把握、分散或转化难点,才能条理清楚、层次分明及精准解决教学难点。

(3)突破重点与难点的技能方法

1)深入研究教材内容。衡量教师的课堂教学水平与教学质量,就要观察教师对教材的理解和把握程度,即对单元教学重点与难点和课堂教学重点与难点的确定。课前教学准备主要是对教材内容进行结构、特点与价值的分析和判断,再根据学生的身心发展特点、技能基础以及学校的场地器材等教学条件,预设或确定课堂教学的重点与难点,并将重点放在发展学生技能和体能,培养和调动学生学习积极性和主动性,引导学生学会学习等方面,同时还安排一些符合学生实际生活的拓展性练习,以此巩固教学重点与难点,为课堂教学突破重点与难点提供有利条件。

2)细化教学重点与难点。体育教材中各部分教学内容间都是有着密切联系的知识系统,教师要从知识和技能的内在联系上着眼,把难度较大的知识和技能由浅入深、由简到繁地逐步细化,或是深究新旧知识和技能间的连接点以旧带新,并认识其结构、特点、地位和作用等,让学生在掌握基本知识的基础上,将某一动作技术的重点与难点分成多个小的重点与难点,为学生掌握知识和技能设置台阶,并有针对性地通过直观法、语音法、练习法、游戏和比赛法等指导学生将多个小的重点与难点逐个击破,以有效突破教学重点与难点,有利于更好地实现课堂教学目标。

3)教师的示范和讲解要突出重点与难点。在体育课堂教学中,示范和讲解是通过最直观、最具感染力的示范动作,让学生了解动作外部的运动学特征,建立正确的动作表象,并配合教师形象生动、富有启发性的语言,突出教学的重点与难点。这种教学方法比较直观且对比性强,既能吸引学生学习的注意力、调动学生的积极性,又是揭示教学重点与难点的重要手段和方法。因此,教师应根据教学内容特点,注意示范和讲解的合理配合运用,力图示范优美规范、讲解精练、重点突出,以加强学生对教学重点与难点的理解,并以此突破教学的重点与难点。

4)学生的学练方法要突出重点与难点。体育技能的学习和掌握主要是学生通过足够的身体练习和一定的学练方法,才能获得相应的体育与健康知识和技能,而围绕着学习目标、知识和技能的重点与难点,合理安排教学环节,精心地设计和组织多种多样的学练方式,并积极重视培养学生自主学习、合作学习和探究学习的能力,不仅可以调动学生学习的积极性,让学生在多样的学练中进一步理解和巩固技能技巧,提高学生发现问题、解决问题的综合能力,而且还能让学生在合作与探究学习中突破重点与难点,并直接影响到课堂教学的有效性和教学质量。

5)课堂教学过程要突出重点与难点。教学内容与过程可以根据课堂教学的需要灵活调动,并围绕中心问题合理调整顺序,力求从系统发展过程中突出中心环节,做到既有中心又有重心,以关注知识和技能形成过程来把握教学重点与难点,同时还要多联系学生熟悉的知识和技能,围绕课程教学重点与难点做必要的联系和补充,运用类比推理,因势利导,逐步转化新知识和技能的重点与难点,促进新知识和技能的正迁移,从而达到突破课堂教学重点与难点的目的。

(二)体育教案设计与编写技能

1.教案设计与编写技能的意义

教案,作为体育教师备课和实施教学的具体指南,具有重要的教学管理和效果评估功能。它不仅是体育教学计划逻辑分割的体现,更是教师在教学过程中所需的优化设计方案。教案的设计编写涵盖了教学目标的明确、教学内容的精细化安排、教学方法的科学选择以及教学过程的详细规划,其书面语言、表格和图示等形式为教学实施提供了清晰的指导框架。

在体育实践课程中,教案的设计尤为关键,因为这类课程通常在室外进行,面对复杂多变的环境条件和学生间的密切互动,教师必须考虑到季节、气候、场地和器材等客观因素的影响,以确保教学过程的顺利进行和学生的安全。因此,教案中的每一个环节,包括教学目标的合理设定、教学内容的科学编排、教学方法的适当选择、练习负荷的合理分配、场地和器材的有效利用以及教学要求的明确规定,都至关重要。任何一个环节的疏忽或不周到都可能影响到教学的质量和效果,甚至对学生的身体健康构成威胁。

教师通过精心设计和编写教案,不仅能够有效地控制课堂教学的节奏和进程,规划教学内容和方法,还能够提前预见可能出现的问题,并做好充分的准备和预案。教案的执行不仅仅是为了达成课程学习目标,更是体现了教师教学思想和业务水平。教案作为教学的指导工具,有助于教师在课堂上保持理性和冷静,有效应对各种突发情况,并及时进行教学评价和反馈,从而不断优化教学过程,提升教学效果和学生的学习体验。

2. 教案设计与编写技能的内容

(1)确定教学目标。依据单元教学目标和单元教学设计来确定和陈述该节课结束时应达到的教学目标,并以此来了解该节课的基本思想。课的教学目标要针对本课教材要解决的主要问题,不仅要符合大多数学生的发展需要,还必须符合全面、明确、具体、可行等基本要求。

(2)排列教学内容。排列课的教学内容首先应设计基本部分的教材,如本节课有两个以上教材,则应确定其先后顺序,并要符合运动负荷的基本要求;一般要先易后难、先简后繁、先小负荷再大负荷、先局部后全身等,再根据各项目内容的重点与难点排列练习顺序;基本部分设计好后,再根据需要设计准备部分的练习内容及结束部分的放松练习内容。

(3)针对各教学内容组织教法。排列好教学内容后,要根据各教学内容重点与难点设计必要的组织教法,如提问、讨论、演示以及诱导性练习和辅助性练习等。

(4)安排各项教学内容、练习时间和练习次数,在教学设计中占据着至关重要的地位。这一环节的合理规划能够有效地塑造教学过程,确保学生在有序的环境中获得充分的学习经验。

(5)设计课的生理负荷和练习密度。体育教师应以授课班级的中等水平学生为依据,根据教学内容、场地器材条件、气候条件等设计课的运动负荷,预测课中最高心率和全课的平均心率,还要根据学生人数和场地器材情况设计课的练习密度。

(6)计划本课所需的场地器材和用具。安排场地时要相对集中以便于指导,要尽可能充分利用学校现有的体育器材以增加学生的练习量,并写清本课所需场地器材和用具的名称、数量和规格,以便课前做好准备。

(7)课后小结。体育教师应在课程结束后,及时将本次课程教学目标的完成情况、主要优缺点及今后要努力的方向做一小结,以便为今后总结教学经验和改进教学提供参考。

3.教案设计与编写技能的原则

(1)教案的衔接性与系统性。在设计与编写体育课教案时,不仅要体现出每个课时教案内部的衔接性,即从教案书写方面看,教案一般是由隔离的几个部分组成,但实质上它们之间要有一定的衔接;从教案内容方面看,教材内容安排一般是两个主教材相互搭配,或是一个主教材与其他身体素质练习相搭配,但这两种安排方法都必须遵循体育教学基本规律,做到首尾呼应;从不同课时教案的连续性方面看,连续课的教案间也应有一定的衔接性,它是两个或几个教案的内容结合组成一个单元,是对某一单元的细化,如同一项技术从泛化、分化到自动化都是要衔接的。还要体现出每个课时教案内部的系统性,即每个课时教案应该是一个完整的体育课的文本,其包含内容的系统性、完整性和实效性特征不仅要体现在增进健康的目标是否得到落实上,还体现在对学生心理健康、道德健康、社会适应能力、身心发展特征等是否做出统筹考虑。

（2）目标明确与要求适当。以课程标准为依据，按教材内在规律，在确定教学目标、重点与难点、组织教材、选用教学方法、设计教学方案时，要从学生实际出发、循序渐进，做到目标明确，教学要求适当，不能任意提高教学要求，避免过分追求技术严谨而影响学生对基本内容的完成。

（3）处理好教与学的关系。体育教师在设计与编写教案时，要从实际需要出发，充分考虑教案的可行性和可操作性，设计好教法与学法，处理好教与学的关系，使师生共同置身于教师创造的良好教学情境中，在教师指导下，促使学生从探索中提出问题、总结规律、解决问题，掌握体育知识与运动技能，并将所学内容纳入学生自己的认知结构中。

（4）教书育人相结合。体育教师在设计与编写教案过程中，不能仅重视传授课程规定的体育基础知识、技巧和技能，还要重视开发学生智力、培养学生灵活运用所学知识去解决实际问题的能力及思想教育等方面的品质，要有计划地寓情感教育、能力培养及社会交往于知识技能传授之中。

（5）结构完整与科学合理。体育教师在设计与编写教案时，在钻研教材的基础上，广泛地涉猎多种教学参考资料，向有经验的教师请教，而不要照搬照抄，要汲取精华，要求环节完整、结构合理、思路清晰、繁简得当、时间分配科学，并要结合个人的教学体会，巧妙构思、精心安排并创新设计，使教案能对体育课堂教学活动真正起到指导作用。

二、体育教师课中的技能提升

（一）导入技能

1.导入技能的功能

课程导入是新的教学活动开始之前的导言，俗称"开场白"。导言是一堂教学课的开端，是师生沟通的第一座桥梁。课程导入是教学艺术的重要组成部分，是教师的学识、智慧、口才、情感等的综合体现，对于教学有着重要的作用。"导入技能则是指教师以教学内容为目标,在课堂教学的起始阶段,教师利用各种教学媒体,巧妙地创设学习情境,激发学生学习兴趣,启迪学生思维,集中学生注意力,激发学生求知欲,帮助学生明确学习目的,引导学生积极主动进入到课堂学习上来的教学行为方式。"①

(1)引起学生注意。导入可使学生的注意力集中到将要学习的教学内容上来。每一位体育教师都熟悉田径比赛中短距离跑时发令员的指令:"各就位,预备,跑!"这简短的六个字,可使运动员的注意力高度集中到将要进行的比赛中去。体育课开始前,学生的心理状态、兴奋程度、情绪高低等经常处于一种不稳定的状态中。如刚结束一门其他学科的测验或考试后来上体育课,学生往往表现出大脑兴奋度过高,暂时不易抑制的现象;而学生在上下午第一节体育课时,往往又表现出大脑兴奋度过低,加上室外体育教学容易受外界干扰这一特点,体育课堂教学开始时,学生的注意力往往不集中。一旦学生从学习开始时就没有集中注意力,那么在教学过程中去集中他们的注意力就不太容易了。体育教师如果能够结合学生的实际情况和教学内容的特点,选用适宜的导入方法,就能够引起学生对教学内容的关注,抓住学生的注意力并使学生的注意力集中到将要进行的学习活动。

(2)激发学生兴趣。激发学生的学习兴趣和积极参与的欲望是导入的又一功能。唤起学习兴趣是使学生积极学习的重要条件,学习的积极性,来源于兴趣。在体育课堂教学中,教师认真地选择和运用导入的手段和方法,就能够巧妙、自然地激起学生对教学内容的兴趣。兴趣是学生参加体育活动的直接动机,也是直接推动学生主动参与练习的内在动力。浓厚的学习兴趣必将引起学生强烈的求知欲望,产生坚韧不拔的毅力,克服在练习中由于气候、教学环境、身体等带来的困难和不适反应,使他们心情愉快,情绪

① 李健,刘英杰,蔡传明.体育课堂教学技能理论与方法[M].厦门:厦门大学出版社,2018:144.

饱满,精神振奋地投入教学活动中。

(3)启发学生思维。启发学生积极思维,增强学生学习的主动性和积极性是成功教学的基本保证。启发教学是教学过程本身的需要,也是开发学生智力的最基本的方法。体育教师在教学中也要树立学生是学习活动的主体的教学思想,要有意识地活跃而不是束缚学生的积极思维。在体育课的导入过程中,教师用生动形象的语言向学生提出富有启发性的问题,或通过演示、示范来展示一个问题,并要求学生通过本次课的学习来找到解决问题的正确方法,这样就能吸引学生的注意力,启发学生的积极思维,增强学生学习的主动性和积极性,达到发展学生思维和提高学生解决问题能力的目的。

(4)明确课堂教学目标。在体育课堂教学中,利用导入的方法将学生的注意力吸引到一个特定的教学任务和学习程序上来。教师通过导入进行说明,使学生明确本次课将要学习什么内容,要求达到的目标,基本的教学程序,以及该教学内容对身体素质、机体能力的影响和作用,使学生对为什么学、怎样学以及努力的方向有一个清晰的学习心理定式,以便学生全神贯注地、积极地接受新知识,圆满完成学习任务。

2.导入技能的提升

实践部分包括游戏、田径、体操、球类、武术、水上项目、野外项目等,每一类又包含许多不同的教学内容。由于体育课堂教学的内容较多,经常更换,因此没有也不可能存在固定不变的导入方法和模式。体育教师应根据学生的年龄、精神面貌、心理特点等,结合教学内容经常思索、认真选择导入的方法,精心设计每一堂体育课的导言,组织好课堂教学的开端。体育课堂教学导入的方法很多,许多体育教师在教学实践中积累了不少宝贵的实践经验,创造设计出许多简明生动、哲理分明、思路清晰、富有实效的体育课导入方法和形式,下面对一些导入的类型和方法举例加以说明。

(1)运用情境导入新课。在体育教学中,经验丰富的教师展现了其独特的教学技巧,其中一项显著的能力是善于运用情境导入新课。这一方法不仅限于自然情境,更包括对教学场地的巧妙布置以及教辅设备的巧妙安放,通过人为创造的方式,教师能够在课堂中巧妙地引入新的教学内容。

体育教师通过对教学场地的巧妙布置,营造出一种特殊的学习氛围。通过将场地布置的丰富多彩、符合教学主题,教师可以引导学生进入一种全新的学习状态。例如,在进行篮球教学时,教师可以在球场上设置各种障碍物,创造出仿真比赛的情境,从而让学生在实际操作中更好地理解课程内容。

教师还能够通过巧妙安放教辅设备来提高情境导入的效果。使用先进的技术设备,如虚拟现实头盔或运动追踪器,可以使学生身临其境地体验运动场景,加深对课程知识的理解。例如,在教学体操时,通过使用虚拟现实头盔,学生仿佛置身于一片广阔的运动场地中,更直观地感受体操动作的要领。

通过这种情境导入新课的方式,体育教师不仅能够使学生在学习中感受到体育运动的乐趣,同时也更容易激发他们的学习兴趣。创造性地利用环境因素,教师能够把课堂变得生动有趣,让学生更加投入,从而提高课程的教学效果。在这个过程中,教师丰富的经验和对教学艺术的深刻理解都起到了至关重要的作用,使得学生在愉快的学习氛围中更好地吸收新知识。

(2)运用竞争心理导入新课。学习动机是直接推动学生学习活动的内在动力。学生的学习效果同学习动机水平成正比关系。竞争是培养和激发学习动机的因素之一。体育教师在教学中应根据教材特点和学生身心的状况,恰当、合理地将竞争机制引入教学,来诱导、激发、鼓励学生进行竞争,增强学生学习的动力。例如,在上田径课时,学生感到比较枯燥,学习的积极性不容易调动起来。此时,体育教师可以利用学生喜欢竞争这一心理特点,导入接力跑的教学内容,让学生比赛接力跑。在导入接力跑教学内容时,巧妙运用体育运动的竞争特征,激发学生的竞争意识和学习兴趣。

（3）运用直观演示导入新课。在体育课堂教学中，充分利用学生的听觉、视觉、触觉及本体感觉等各种感觉器官，对外界各种刺激通过不同的感受器进行感知，就会对所学的知识、技术产生更加深刻的知觉或感性认识，这是取得良好教学效果的途径之一。体育教师在讲授新的教学内容之前，可组织学生观看技术动作图片、电影、电视、幻灯片，或通过音乐、教具创设一个直观的教学环境，导入新的教学内容，这样不仅能够引起学生注意，激发学习兴趣，促进学生更加主动地学习，还能对所学内容加深理解，获得感性认识，建立清晰的运动表象，帮助学生对所学新知识形成正确的学习心理定势。

（4）运用实验导入新课。目的是培养学生独立观察与思考、获得知识的本领。体育教师在授课前，可根据教材的内容和特点，设计一些小实验，让学生观察、思考，并根据实验结果引导学生分析、判断、归纳和总结。所得出的结论应是本次课所讲内容的概念或技术动作的要点和关键，从而揭示本次课的教学重点。通过实验能起到激发学生积极思考、活跃课堂气氛、加深学生对将要学习的知识和运动技术动作理解的作用。

（5）运用动作示范导入新课。动作示范是体育教学中最普遍、最常用的教学方法，它是教师或指定的学生以具体动作演示为范例，帮助学生了解所要学习的动作形象、结构、要领和方法。利用示范导入新课也是体育教师应掌握的一种导入技能。它不仅可以使学生建立正确的动作表象，还可以提高学生的学习兴趣，激发学生学习的积极性，有利于教学活动的顺利进行并提高教学的效率。准确、熟练、优美的示范，使学生一开始就对将要学习的技术动作产生兴趣，引起学生急于模仿、跃跃欲试的心理状态，起到动员、鼓舞学生积极投入学习中去的作用。利用示范导入新课，除了运用正面示范外，还可以利用学生的错误动作进行反面示范，以加深学生对正确技术动作的理解，形成正确的动作技术概念。

（6）运用设疑导入新课。教学过程是一种提出问题和解决问题的持续过程。在体育教学中,有经验的教师,经常在授课前根据教学内容设计一些符合学生认知水平、形式多样、富有启发性的问题,引导学生积极地观察与思考,将学生的注意力集中到将要学习的内容上去。当教师将问题呈现在学生面前时,学生大脑的兴奋性增强了,这样就可以在最短的时间内进入最佳的学习状态,这也是教学取得整体艺术效应关键的一步。

(7)运用故事导入新课。爱听、爱看有趣的故事是学生的一大特点,因为他们的好奇心强,求知欲旺,容易被生动的故事情节所感染。体育教师在教学中应抓住学生的这一心理特点,通过讲故事的方式来以趣引思,激发学生的学习热情,提高学生的学习兴趣。讲述生动有趣的故事,还可以引发学生的情感共鸣,起到潜移默化的教育作用。

(二)讲解技能

1.讲解技能的特征

"讲解技能是课堂教学诸多技能中的一种基本技能,是指教师从具体的教学实际出发,为完成一定的教学任务而灵活运用讲解的一种技术手段,是教师通过精彩的语言,精练地向学生传授知识的一种高度娴熟的心智技能。"[1]在体育教学中,教师对学生学习的指导是通过多种方式和方法进行的,如直观演示法、语言法、练习法等。其中,语言法就是运用语言多种不同的形式来指导学生学习,从而达到教学的基本要求的方法。语言表达技能是讲解技能的基础,而讲解技能是针对教学的实际,有目的地运用语言,为实现教学目标而采用的特定的、较高层次的语言手段。

讲解是教师在教学过程中,从学生的实际出发,突出教学的重点,用精练的语言,准确地揭示教学内容的本质特征,教给学生认知规律和解决问题的方法。通过有效地讲解,使学生明确教学目标、动作名称、动作要领、动作

---

① 王金稳,曾黎.体育教师职业技能训练[M].成都:西南交通大学出版社,2016:63.

方法、练习方法、规则以及要求等相关信息,指导学生进行运动技能的学习,从而掌握运动技能。在体育教学中,许多体育知识、动作技术、技能只有通过教师的讲解,才能被学生比较透彻地理解和牢固地掌握。讲解技能不仅用于新知识、新技术的学习过程之中,也运用于复习巩固旧知识和动作技术之中,它在教学中的应用最为广泛,其他许多教学方法,如示范、展示图片等也往往需要讲解的配合。讲解不仅能引导学生在原有认识的基础上感知、理解、巩固和应用新知识、新概念和新原理,还可以帮助学生理解得出结论的思维过程和探究方法,提高学生的认识能力和实际操作能力,培养学生的学习兴趣,并结合教学内容的思想性,影响学生的思想和审美情趣。因此,讲解可以说是体育教师的中心教学技能之一。

对讲解技能进行系统地学习和训练,可以使教师的讲解技能在理论知识方面更加系统化,在实际操作中更加规范化,从而进一步提高教师的教学水平。当然,在实践性很强的体育课堂教学中,室外复杂的教学环境给教师的讲解增添了一定的难度,精讲多练的教育目标对体育教师的讲解能力和水平又提出了更高的要求。

在漫长的教育发展历程中,讲解始终保持着不衰的地位,除了历史和传统的原因外,还有它不被别的教学手段所代替的特征。

(1)便捷性。在体育教学中,讲解省时、省力且方便,与实物教学相比,其"省"显而易见。

(2)高效性。在体育教学中教师通过精心的组织策划,可以使信息传输密度较高,就知识接受度而言,极大地减少了学生认知中的盲目性。

(3)单向性。体育教学中的讲解是教师单方面向学生输送信息的过程,学生是被动的信息接收者,不能较多地参与教学进程,不利于实现师生及时的交流和信息的及时反馈。

2.讲解技能的功能

讲解技能作为课堂教学中基本的教学行为,在各种课堂类型的教学结构中都占有相当大的比重。在教学中恰当地运用讲解技能可以实现以下功能。

(1)促进知识迁移,构建知识体系。学生所学的每个学科都有其基础知识。教师在教授新的学习内容时,需利用学生已有的知识,进行正确、清楚、生动易懂地讲解,以学生过去形成的概念为中介,解释新的知识、新的概念,将新的学习内容与已学过的内容联系起来,使学生认知结构中原有的观念和新的知识之间建立起实质的联系,形成完整的体系,加深学生对新概念的理解。运用讲解技能可使新旧知识前后联系,一脉相承,使知识系统化,形成完整体系,有助于学生认知结构的发展,从而取得较好的学习效果。

(2)传授知识,答疑释难。讲解技能的首要功能就是把知识准确清晰地呈现在学生面前,使之记牢、会用。从某种意义上说,讲解的生命就在于使学生理解新知识。教师在课堂上的每一段讲解都是针对学生学习中的疑点和难点以及新知识传授的要点设计的这些相对集中又层层相关的讲解片段,既构成课堂教学的整体框架,又是实现教学目标的明晰线索,体育课堂教学中的每一个讲解片段都是以教学知识点为中心展开的,不管是解释说明、描绘情境,还是阐说道理、推导结论,其内容都是以让学生充分理解、掌握知识为准则,经过认真筛选、科学组合和加工而形成的。

(3)节省时间,提高课堂效率。讲解的内容经过了教师的深刻推敲,系统整理,将知识去粗取精,提炼升华,变成适合学生接受的东西。讲解时,教师抓住重点与难点,把自己思考的过程和结果有序地展示出来。这样教学易于引导学生的思维沿着教师的教学意图运行,能较迅速、较准确且密度较高地向学生传授知识,完成特定的教学目标和教学任务。

(4)激发学生的学习兴趣和学习动机。利用典型案例去解释和叙述教学内容。语调抑扬顿挫、表情自然亲切地讲解会把学生带入学习的情境,使学生如见其人、其物、其景,可以把枯燥的情节讲得出神入化,使学生神往陶醉。如果教师讲解时概念说不清,道理说不明,词不达意,语无伦次,声音平淡,则会使学生在课堂中感到枯燥乏味,从而影响学生学习的积极性。

(5)启发学生思维,发展认知能力。将学生的思维活动有层次地步步引向深入,使学生在获得具体知识的同时,还学会了思考问题的方法,从而发展了认知能力。运用讲解技能从生动的范例延伸到抽象的推理,使学生从感性认识上升到理性认识,并认识到事物的本质和必然联系,同时培养学生独立发现问题、分析问题、解决问题的能力。

3.讲解技能的类型

教师讲解的最终目的是使学生能够接受、理解所学知识和技能。教师的讲解能否被学生接受和理解,除了受学生的能力、技巧、知识水平的制约外,在很大程度上还受教师讲解方法的影响。教师讲解的方法或类型是多种多样的,但每种讲解方法都具有它自己的特性,都体现了不同的思维方式、语言组织和内在的逻辑特点。教师能利用某种讲解方法的特殊作用,向学生传递某种思想,教授动作技术概念,并将这种讲解方法扩展为使学生了解、探索并最终掌握所学技术动作的渠道。

(1)说明式讲解。说明式讲解是教师为了让学生较好地理解和掌握课堂知识,而对有关材料做必要的补充、介绍和说明性讲解。在运用这种讲解方法时要充分考虑学生的接受能力,只对情况做必要的介绍,对事情的来龙去脉做简洁的说明,要做到适度、适量,不宜做冲淡教学内容的发挥。

(2)描述式讲解。描述式讲解指对形象具体的客观事物及其变化过程进行科学的表述。描述式讲解可以使学生获得丰富的感性材料,有利于学生对事物的理解和感知,能够促进学生形象思维的发展,有利于培养学生的观察能力、思维能力。

(3)推理式讲解。推理式讲解是教师用周密严谨的逻辑推理方式,启发引导学生概括内容、推导结论或帮助学生分析某个技术动作的正确性的讲解方式。这种讲解作用于学生的抽象思维和理性思维,能较好地培养和训练学生的概括能力、综合能力、逻辑思维能力和分析论证能力。它具有严谨的逻辑性、清晰的层次性和说理论证的透彻性。

(4)问题中心式讲解。问题中心式讲解的一般模式为引出问题—明确目标—选择方法—解决问题—得出结果。问题引出可以从各种事实材料中导出;明确目标就是明确解决问题的具体要求;选择方法就是对各种方法、策略进行分析比较,定出最佳解题方法;解决问题要从证据、例证出发,运用逻辑思维的方法进行论证,最后得出结果。问题中心式讲解适用于重点、难点、智慧技能和认知策略的教学,通常配合提问、讨论等其他教学技能。

(5)操作中心式讲解。以训练学生的实际操作技能为中心进行讲解,教师结合示范指导学生在实际操作中应用。主要有:对操作原理的说明;结合示范的讲解,包括指示观察要点、分析示范操作、指导操作要领等;指导学生练习的讲解,包括纠正错误操作、向学生提供反馈信息、指导学生掌握动作之间的联系和协调等。

4.讲解技能的运用

掌握讲解技能之后,接下来的问题就是教师如何根据教学目标、教学任务和教材内容的特点,并针对学生的实际情况,合理、灵活地运用讲解技能,真正实现讲解的价值和作用。

(1)讲解技能运用的要求

1)讲解要有目的性。讲解的目的要明确具体。教师要根据一节课的教学目的,明确每一段讲解内容的目标。在知识上让学生学会什么,学到什么程度;在技能上让学生学会什么。这是教师在讲课时要考虑的首要问题。教师一定要明确,讲解是启发学生思维,而不是代替学生思维。

2)讲解结构要明确。要在认真确定教学目标、分析教学的重点和难点、明确新旧知识相互联系的基础上,理顺知识结构之序、学生思维发展之序,提出系统化的关键问题,从而形成清晰的讲解框架。这样,易使讲解条理清楚,引起学生思考。

3)讲解要有计划性。教师对讲解内容要有周密的计划,详尽地安排。

首先,明确讲解内容的顺序,选用什么样的范例,先讲什么,后讲什么,怎样讲才能吸引学生,才能使学生接受和理解;其次,考虑内容之间的联系,使讲解内容成为一个完整的、连贯的体系,以便于学生理解、记忆;最后,考虑讲解与练习的衔接。讲练结合成功与否是一节课的关键。

4)讲解要突出引导性。在讲解过程中,要注意引导学生去思考、分析和概括,培养他们独立的、不轻易相信他人的意识,对任何事物、任何问题都要有自己的判断和独立的认识,注重教给学生学习方法,使他们会学、善学、乐学。

5)讲解要有启发性。要把直观具体的现象、实例、事件,通过分析、综合和概括,升华为理性的概念和规律。要留有一定的思索余地。要把握好讲解的时机,对重要内容进行本质论述时,应尽量创设良好的教学情境。

6)讲解要注意反馈调控。在讲解中,教师要重视反馈,通过观察学生的表情、行为和操作,留意学生的非正式发言或无意间的技能行为,及时收集讲解效果的反馈信息,据此及时调整、控制教学,并注意及时巩固、应用理论联系实际,以达到教学目标。

7)讲解要有实例。例证是进行学习迁移的重要手段,它包括学生熟悉的生活实例和已学过的体育知识实例。实例能将熟悉的经验与新的知识和技能、原理和概念联系起来。举例的数量与质量(所举例子与概念之间的联系)要调整好,要做透彻的分析。

8)讲解要有针对性和可接受性,采用学生能够接受的语言进行讲解。讲解的针对性与可接受性相辅相成,密不可分,只有考虑到学生的实际情况,教师的课堂讲解才能为学生所接受。学生能够接受的课堂讲解,必定也是针对学生的知识水平、能力发展、心理状态等具体实际情况而进行的讲解。教师在讲解时,应因人、因时、因地、因事而定。

9)讲解要与其他教学技能配合使用。教师在讲解时和其他技能密切配合,能提高讲解的效率。例如,在讲解时教师借助提问加强反馈,教师边讲解边演示,边讲解边示范都是常采用的方式。这样做一方面可以提高学生的学习兴趣,另一方面能使学生多种感官同时参与学习,提高学习效率。教师在讲解时可以通过语言声调、速度变化吸引学生注意,进行强调。体态语言在教师讲解中的作用大,教师的一个手势、一个微笑都可以起到意想不到的作用。教师在讲解时还应该对学生的学习行为及时给予鼓励和肯定,以激发学生的学习热情。

10)讲解语言要有趣味性与艺术性。讲解语言的趣味性要求教师上课时使用生动活泼、诙谐幽默的语言,结合教学内容,进行生动地叙述、形象地描绘。但是教学语言的趣味性应该注意分寸、界限和场合。教学语言的趣味性应做到生动有度、活泼有节。

(2)讲解技能运用的原则

1)精讲原则。教学讲解必须遵循精讲的原则。精讲就是要做到内容精选,语言精练,方法精当,效果精彩。精讲就必须做到简明扼要,提纲挈领,避免烦琐;精讲就要力求达到举一反三、闻一知十的效果。精讲之精,体现了讲解的水平,也直接关系到教学的效率。精讲并非只是数量的要求,更是质量的要求。精讲就要求讲得精彩、讲得精当、讲得明白、讲得科学,要在单位时间里达到量少而质高的水平。

2)启发性原则。教师的教学讲解必须更具有启发性。教师在讲解过程中的主导作用,不只体现在代替学生去寻找答案上,还应体现在诱导学生自己去探索、比较、归纳、综合、解决问题上。讲解过程中,教师要以课程标准为指导,从教学实际出发,根据知识间的逻辑顺序和学生的认知顺序,有计划地设置有内在联系、条理清晰、层次分明、环环相扣、层层深入的问题系统,使学生的思路在教师的启发诱导下徐徐展开、不断深入,这种科学的讲解方法,会使学生在复习旧知识的基础上,加深对新知识的理解,这对提升学生的思维能力是非常有益的。

3)直观性原则。直观性原则要求教师在教学过程中为学生提供有关的事实、实物和形象,为学生学习新知识、形成新概念奠定感性认识的基础。直观教学能把抽象的事物具体化,容易吸引学生注意,激发学习兴趣,促进学生对知识的理解和记忆。

4)针对性原则。知识、能力、情感、意志和性格等都有不同的特点,教师既要掌握全班学生的共同特点,如学生们的知识水平、接受能力和学习风气等,又知道每个学生的具体特点,如兴趣爱好、特长和优缺点等。这样,教师才能从实际出发,针对不同学生的情况,因材施教,在统一授课的基础上,采取不同的讲解方式,传授体育健康知识和运动技能,教育不同的学生,使每个学生都能得到发展。

5)系统性原则。系统化的知识便于理解、记忆和应用。在讲解到一定阶段时,教师要致力于知识系统化工程,把零散的知识,通过归纳总结使其连贯起来,串珠成链,结绳成网,形成系统化的完整知识链,这可以在一节课结束时、一个单元结束时进行。但是必须注意,在知识系统化的过程中,既要照顾教学内容的全面性,更要主次分明、重点突出。

6)适时反馈和调控原则。讲解主要是教师讲学生听,教师在讲解过程中要注意学生的反应,要使讲解的发展过程与学生的思维、理解过程同步,要有针对性和交互性。把握好体育课堂教学信息的反馈,及时控制和调整讲解的方法和进程,以达到良好的教学效果。

7)艺术性原则。艺术性可以从语音、语句和无声语言等方面来考虑。教师的讲解如果能做到声音悦耳动听、语调抑扬顿挫、语句幽默风趣、表情丰富生动、举止优雅大方、讲解循循善诱,使听课的学生如沐春风、如饮甘霖,这样学生不仅能学习知识、提高能力,而且能增加修养、陶冶情操。

5.讲解技能的提升

(1)教师在讲解前,应认真钻研教材,分析授课内容,确定讲解要点,避免面面俱到、模糊笼统地讲解。体育教师讲解前必须明确讲解内容的范围、重点、难点以及与学生已有知识的联系,使讲解过程更集中明了,并且建立在一种知识发展的逻辑必然之中。

（2）体育教师在讲解时，要考虑课前后之间、课与课之间、体育课与其他学科之间的联系，力争做到循序渐进，承前启后，相互渗透。体育教师讲解时，要在学生掌握的全部知识储备中将与课程问题有关的部分抽取出来，作为引导、启发讲解的知识起点，促使学生运用已有知识对课程问题进行思考。在学生不能很好地解决问题后，教师再做详细的讲解。

（3）教师要选择符合授课内容的讲解类型，根据课的不同部分、所授课时的内容特点，变化讲解方式，集中、小组、个别讲解互相配合，体现讲解的多样性。体育教师讲解要简洁精练，抓住要点，保证学生有足够的练习时间。

（三）示范技能

动作示范是教师（或教师指定的学生）以自身完成的动作作为范例，使学生明确所要学习的动作形象、技术结构、动作要领的一种教学行为。通过体育教师的示范，学生能直观地获取该项运动技术的信息，在大脑中留下深刻印象，然后结合教师的讲解和多次的练习，就能较好、较快地掌握该项运动技术。体育教学中正确的动作示范，不仅可以使学生获得必要的直接感受，提高掌握动作要领的效率，而且可以提高学生学习兴趣，激发学生学习的自觉性，形成正确的动力定型。教师正确、熟练、优美的示范对于取得优良的教学效果有着非常重要的作用。

1. 示范技能的功能

（1）有利于学生快速地掌握动作技术。让学生从感性认识上升为理性认识，从视觉上了解动作的结构、顺序、形象以及要领和方法，从而更好地进行模仿，形成正确的动作表象。从生理学的角度来看，学生掌握运动技能必须经过三个阶段：粗略掌握阶段、改进和提高阶段、巩固与运用自如阶段。在粗略掌握阶段，学生对所要学习的动作没有感性认识，采用示范和讲解的方式进行教学，可以使学生理解动作学习任务，建立动作表象和一般概念,形成动作的基本结构认识。进入改进和提高阶段,由于学生容易表现出动作不准确、不协调,并伴有多余动作和错误动作,此时,教师运用多种示范如正误对比示范,有助于强化学生对正确动作的理解,提高动作的协调性,规范动作细节,形成动力定型。

(2)激发运动兴趣,提高教学效果。培养学生的运动兴趣和爱好是新课程的具体目标之一。因为学生有了运动兴趣和爱好,就能形成运动的积极情感,乐于参与练习,体验成功的乐趣,从而真正地形成坚持锻炼的习惯,为终身体育奠定基础。体育教学中教师正确、轻快、优美的动作示范可以使学生在学习中受到感染,在欣赏示范动作的同时受到力的鼓舞、美的熏陶,在教师正确的动作示范的影响下,学生产生一种跃跃欲试的心理,从而提高学习动作技能的积极性,保证教学任务的完成。

(3)培养学生分析问题和解决问题的能力。为了提高体育课教学中动作示范的效果,锻炼学生的观察能力,教师在示范前或在学生观察动作时,经常会采用提问、引导、启发等手段,提出问题,让学生仔细观察,独立思考,积极讨论,比较概括,理解动作,做出回答,从而培养学生分析问题、解决问题的能力。例如,在篮球体前变向换手运球教学中,教师会提出这样的问题:遇到障碍如何变方向、变向后怎样快速推进等。在教师的有效提示和启发下,学生对动作仔细观察,不仅能扩大直接经验范围,丰富感性认识,加深对动作的直接感受程度,形成正确的概念和动作印象,而且能有效地训练学生观察、思考、分析、归纳、综合和概括的能力,这不仅是掌握运动技巧的过程,也是提高观察能力、分析问题能力和解决问题能力的过程。

2.示范技能的分类

根据示范动作的结构、目的、形式、位置及示范者的身份等情况,可将示范技能进行如下分类。

(1)根据示范动作的结构划分

1)完整示范。完整示范指教师示范时从动作开始到动作结束不分部分和段落,完整、连续地进行示范。在教授新课中,为了使学生对所学的技术动作的结构和形式有一个清晰的运动表象,建立完整的技术概念,教师多采用完整示范。当在教授简单技术动作时,为了能保持动作结构的完整性,形成技术动作的整体概念和动作间的联系,也常常采用完整示范,例如,前滚翻的教学。

2)分解示范。分成几部分,然后按部分逐段进行示范。这种示范的优点是把动作技术的难度相对降低,便于学生掌握,突出教学重点和难点。例如,跳远技术是由助跑、起跳、腾空、落地四个部分组成,其中助跑与起跳相结合的技术是跳远的重点,在教学中往往会先分解动作,再抓住细节进行教学。

(2)根据示范的目的划分

1)认知示范。认知示范是使学生知道要学什么的示范,这种动作示范的重点是给学生建立动作的整体形象,形成大致的概念。这种示范要正确、朴实,要引导学生注意整体,不要拘泥于细节。

2)学法(练)示范。学法示范是告诉学生怎样学的示范,这种示范的重点是使学生了解动作完成的顺序、要领、关键、难点等。进行这种示范时要引导学生注意关键动作环节的重点部分。

3)正误对比示范。采用正误对比示范可以使学生了解自己错误动作的外部特征,明确正确的动作结构。进行这种示范时既要突出错误的特征又不能夸张,一般在纠正练习中出现的某一种错误时采用。正误对比示范的程序可以是"正确—错误—正确",也可以是"错误—正确—正确"。

(3)根据示范的方向划分。体育课堂中教师经常采用的示范方向一般有正面示范、背面示范、侧面示范和镜面示范等。

1)正面示范。教师与学生相对站立所进行的示范为正面示范。正面示范有利于展示教师正面动作的要领,如球类运动的持球动作多用正面示范。为了显示身体的左右移动、侧屈、上肢的侧平举及斜上举等,可选择正面示范。

2）背面示范。教师背向学生站立所进行的示范。背面示范有利于展示教师背面动作或者左右移动的动作，在动作的方向、路线变化较为复杂时，背面示范有利于在教师的引领下，学生去做相应的模仿，如武术的套路教学。为了便于学生观察与记忆方位、线路以及变化较为复杂的动作，如武术、体操和艺术体操等，均可以选择背面示范。

3）侧面示范。教师侧向学生站立所进行的示范为侧面示范。它有利于展示动作的侧面和按前后方向完成的动作，如跑步中摆臂动作和腿的后蹬动作。为了显示腿部的后蹬动作、身体的前后屈伸、前后摆腿与踢腿等，可以选择侧面示范。

4）镜面示范。教师面向学生站立进行的与同学同方向的示范为镜面示范。镜面示范的特点是学生和教师的动作两相对应，适用于简单的教学，便于教师领做、学生模仿。如徒手操、广播体操教学。

（4）根据示范者身份划分

1）教师示范。教师示范是指教师根据教学的需要，按照技术动作规格和练习方法的要求完成的示范。教学中，在学习新的技术动作时，为了使学生建立正确的动作表象，形成清晰的技术动作概念，一般多采用教师示范。除此之外，在学生练习的过程中，教师也常常需要做示范。通过示范促使学生把自己的动作和示范的动作进行比较，发现缺点和错误，从而以正确的认识进行练习。

2）学生示范。学生示范指为密切配合教师的教学需要由学生进行的动作示范。学生示范的优点在于示范者与学习者处于同一水平，不仅能够为学生创造自我表现、积极参与的机会，给学习者更大的启发和激励，同时能弥补教师因种种困难而无法示范的不足。教师在选择学生进行示范时，应注意选择那些技术动作具有某一特征的同学进行示范，另外也可选择具有典型技术错误的学生进行示范。这样可使好的技术动作和错误的技术动作得到清晰地对比,使学生获得清晰而正确的运动表象。在现代体育教学中,适当让学生做示范往往会取得很好的效果。

3.示范技能的原则

(1)服务性原则。运用时必须自始至终围绕着具体的教学任务、内容及要求,根据教学活动的进展情况,结合教学实践,按整体、个体的需要进行。

(2)可行性原则。动作示范的运用,必须根据教学任务的要求、内容和进度进行,要充分照顾到学生的自身条件,即学生现有的知识、技能及各自的认知能力等因素,同时也要考虑到教学环境和教学条件,所实施的示范动作必须能引起学生注意并形成正确的学习心理定向,要在可行的基础上进行。

(3)指向性原则。动作示范的目的是让学生在学习过程中获得一个立体、直观、清晰的运动表象,建立起正确的条件反射,进而促进分化抑制发展,建立正确的动作技术概念,消除心理障碍。因此,教师的动作示范必须根据学生的心理需要,并结合实际,明确指向教学内容和需要解决的动作技术问题。

(4)针对性原则。动作示范的内容、形式、方法不同,所起的作用不同,得到的教学效果也不同。动作示范的运用要根据学生实际和教学需要,有目的、有针对性地进行。

(5)实效性原则。动作示范要讲求实效性。教师要在示范动作规范、突出重点、确保质量的前提下,结合实际,选择好时机,使自己处于最佳的示范位置,控制好速度与节奏,确保全部学生都能进行有效的观察。

4.示范技能的提升

(1)带有明确目的进行动作示范。示范是直观教学的一种主要形式。教师在做每一个技术示范动作之前,都要有明确的目的。为什么示范,什么时候示范,先示范什么,后示范什么,怎样示范,都要做到心中有数。在具体示范中要让学生观察什么,重点看什么,都要向学生讲清楚。例如,在讲授新课程时,为了使学生建立完整的动作概念,一般可先做一次完整的示范,让学生先观察,了解整套动作的形象、结构和过程,然后再结合教学要求,把动作分解,用慢速度或正常速度做重点示范。这样,完整示范就为重点示范做了必要的铺垫,并使重点示范的动作更加鲜明、突出,对帮助学生较快地理解教师讲授的内容打下基础,帮助教师达到预定的教学目的。

在教学的不同阶段,教师所采用的示范应有所不同。教师无论采用哪种示范的方法,目的一定要明确。以建立完整的动作概念为目的时,需要运用完整示范;以掌握技术动作的某一环节为目的时,可采用分解示范;以纠正错误动作为目的时,可采用正误对比示范。

(2)把握恰当的示范时机。体育教师示范的时机关系到示范的效果和课的连贯性。教师示范的时机是由学生的身体素质和学生对技术动作的学习掌握情况所决定的。

1)新授内容学习之时的动作示范。教师应通过正确的动作示范,给学生建立一个正确的动作表象,让学生知道将要学习的内容,初步了解动作的过程,同时可以激发学生的学习欲望。

2)重点和难点突破时进行示范讲解。每节课都有重点和难点,如何突出重点、化解难点是课堂教学成败的关键。正确的动作示范和准确的讲解,可以有效地突破学习中的重点和难点,提高学生练习的目的性和实效性。

3)学习困难点出现时进行示范讲解,即大部分学生的学习出现明显的困难或学生出现共性问题时进行示范讲解。新手教学中,学生往往会因为初学而出现学习困难的问题,对动作的掌握出现明显的偏差,这时就需要教师或学生进行重复的示范和点评,帮助学生解决困难和共性问题,提高学生练习的积极性和有效性。

一般来说,示范的时机是有规律可循的,但也因教师的教学方式及经验差异而有所不同,并非固定的、机械的,只有符合教学目的,适合教学对象,达到良好的教学效果,才是适宜的示范时机。无目的、多余地重复示范,会分散学生的注意力,降低教学效果。

(3)示范的位置和方向要便于学生观察。示范的目的是给学生做范例,这就需要让全体学生都看得到、看得清。因此,教师的示范不仅要规范,还要特别注重示范的位置和方向。一般来说,示范的位置和距离应根据学生的队形、动作的性质以及安全的要求等因素来决定。如,在武术教学中,讲授基本动作时,采用横队队形,教师就应站在横队的等腰三角形顶点方位进行示范;如果是复习套路,采用横队集体练习,教师就应站在队伍的左前方带领学生练习。又如跳远时,必须采用侧面示范,这样可以使学生看到单腿起跳、踏跳的准确技术动作。又如进行跳远的教学时,学生要观察起跳的难点技术,就应让学生站在跳远沙坑的两侧观察教师的示范动作,这能让学生的视线始终随着教师的示范动作移动。

(4)结合示范与讲解。示范与讲解是体育教学中不可分割的一个整体,只有示范没有讲解,学生只能看到一个具体的动作形象;只有讲解没有示范,学生也只能获得一个抽象的概念,只有将示范与讲解有机地结合起来,才能更好地发挥作用。

示范与讲解的配合方式有先示范后讲解、先讲解后示范、边讲解边示范、边讲解边示范边练习等。在体育教学中选用哪种示范讲解的配合方式,应根据教学的具体情况、所学动作的难易程度及学生的年龄、心理特点等来确定。例如,在学习侧手翻时,教师的示范使学生感知动作的外部结构——侧手翻的动作就像一个大圆形平面板直线向前转动,然后,通过讲解,提出手脚依次落地要成一条线,翻转时空中的动作要成一个平面,这样学生就能模仿教师的动作,并领会"地上一条线,空中一个面"。把示范与讲解结合起来运用,学生就容易领会整个动作规格的要求,从而减少了那些不必要的教学程序,缩短了学生对侧手翻技术动作的认识过程。在教学过程中,把讲解与示范结合起来运用,能让学生对技术动作建立完整、正确的概念,形成正确的动作表象,从而提高练习效果。

在体育教学的过程中,可根据具体情况进行重复示范,并指出动作的重点、难点,也可先讲解后示范、边讲解边示范。总之,在体育课堂上,讲解和示范必须密切配合,互相依存,互相补充。教师在教学过程中,要始终贯彻"精讲多练"的原则,使学生的直观感觉与思维活动有机结合起来,这样才能产生良好的教学效果,提高体育教学的质量。

(5)多样化示范形式。示范要根据学生的实际情况,做重点完整示范、分解示范以及正常速度和放慢速度的示范。如进行新课程教学时,教师就应先用正常速度示范一次完整的技术动作,使学生初步了解动作的完整技术结构,再根据该次课的内容用慢速度分解示范,使学生了解动作的要领、要求等,建立一个完整的动作表象。例如,在初学武术少年拳第一套动作时,教师应先用正常速度把整套动作示范一次,使学生初步了解少年拳第一套的技术动作结构,再根据该次课的任务,进行分解示范教学。另外,也可用直观教具进行示范,如视频、图解等,以弥补示范的不足,增加讲解的实效性。在练习的过程中,教师应针对学生存在的具体问题,让技术动作掌握较好的同学进行示范练习,再加以分析,必要时可模仿学生的错误动作加以对比,这样,正确的技术动作会在学生的脑海中产生更加深刻的印象,从而提高教学效果。

三、体育教师课后的技能提升

(一)体育教学反思技能

反思就是对自己的思想、心理感受的再认识,是对思维的各个环节进行再批判,对认识所得结果的再思考,对自己的行为和体验过的东西再理解或再描述,是一种不断再评判、再思考、再理解、再提升的过程。教师的反思就是教师主体对自身、教育活动及其潜在的教育观念的再思考和重新认识,是取得实际教学效果并使教师的教学参与更为主动、专业发展更为积极的一种手段和工具。

体育教学反思技能是教师通过对其教学活动进行的理性观察与矫正,以提高其教学能力的一项分析教学技能的技术,是教师自觉地把自己的课堂教学实践作为认识对象而进行全面深入的冷静思考和总结,从而进入更佳的教学状态,使学生得到充分发展的一种有益的思维活动和学习活动。具体是教师在上完一堂课后,对该节教学任务完成情况,学生接受及掌握的情况,存在的问题及授课后的感受进行记录与反省,并对教学设计与实施进行总结,将成功与失败的经验和教训记录好,以利于日后教学借鉴,从而促进教师的教学水平、教学能力和教学效果的不断改进和提高。教学反思技能还包括对教学监控的反思技能、对自我监控的反思技能。其中,对教学监控的反思技能还包括对课前教学设计技能反思技能、对课中教学实施技能反思技能、对课后教学评价技能反思技能;对自我监控的反思技能包括对自身教学效果的反思技能、对教学技能运用的反思技能。

1. 体育教学反思技能的功能

(1)有效提升体育教师的理论素养。在体育教学实践中,教师受到"应用理论"和"倡导理论"两类教学理论的影响。个体形成的"应用理论"是具有个性鲜明的教学观念,而"倡导理论"则是对教学问题的独到理解,具有普遍性。这两种理论相互统一,当体育教师从"应用理论"升华到"倡导理论"时,其认识和理论素养得到提升,从而更好地促进"应用理论"的理解和运用。这形成了一个良性循环,有效促进了教学质量的提升。

(2)提升体育教师的专业实践能力。体育教师的知识结构包括普通基础知识、体育科学专业知识和教育专业知识。通过教学反思,体育教师对课堂行为和教学效果进行反思,运用体育专业知识分析教学,纠正不符合教学原则的行为,并调整教学方案。这种反思和研究的过程使体育教师能够设计切实可行的教学措施,通过"实践—反思—调整—再实践"的循环,不断提升专业实践能力。

（3）提升体育教师的科研水平。教学反思是认识和实践之间的桥梁。体育教师通过不断反思、学习和探索，解决教学中的问题。这一过程扩大了教师的阅读面，丰富了理论知识，锻炼了科研能力，从而提升了科研水平。教师的知识积累和科研能力为体育教学提供了更优质的保障，促进了专业发展。

（4）有助于教师对自我的重新构建。通过教学反思，教师可以构建自己的认识方法，形成对事物和观点的理解，建立自己的教育观和教学方法。教师能够客观地看待教学过程，发现问题，并寻找解决办法和策略。此外，教学反思还帮助教师更好地认识自己、了解学生，理解教学过程，并将理论知识与经验知识相辅相成，实现理论指导实践、实践检验理论的循环往复，从而成功实现对自我的重新构建。

2.体育教学反思技能的原则

体育教学反思技能的原则是教学者在实践中不断总结、审视和提升自身教学水平的一种重要方法。在进行体育教学反思时，应遵循以下原则。

（1）立足于教学实际，创造性地解决问题。教学反思可以是个人经验的反思，也可以是群体性的反思。无论是个人经验的反思还是群体性反思，都应该紧密结合实际教学情境，提出合理的假说，并通过实践对这些假说进行验证。这有助于确保反思的结果得到切实检验，同时通过创造性的问题解决方法，使反思性教学逐渐具备更高的合理性。

（2）强调两个"学会"加速师生共同发展。教师在反思中要将教学过程看作是"学习教学"的过程，即"学会教学"。这种学会教学的过程既是反思教学的直接目的，也是教师和学生共同发展的动力。同时，强调学会学习是终极目的，要求教师从学生学会学习的角度去思考自己的教学方法，最终实现两个"学会"的统一。这使得教师能够从自己的经验中学习，逐步成为具有学者型特质的教育者。

（3）在探索中提升教学实践合理性。反思性教学的教师不仅要完成教学任务，更要更好地完成任务。教师不仅需要了解自己的教学效果，还要深入思考效果及其相关原因。这种无止境的思考过程有助于不断提升教学实践的合理性。通过不断的探索，教师可以更全面地理解自己的教学过程，从而在实践中取得更好的效果。

体育教学反思技能的原则包括立足教学实际、创造性解决问题，强调两个"学会"加速师生共同发展以及在探索中提升教学实践合理性。这些原则为教育者提供了指导，使其在教学中不断完善自己，推动教育实践不断发展。

3. 体育教学反思技能的策略

（1）课后小结。课后小结是体育教师进行教学反思的一种常用的有效方法，是体育教师对自己一节体育课中具有教育价值的各种经验的总结，是教师根据教学实践以体会、感想、启示等形式在每次体育课后进行的教学行为。课后小结的内容应该涉及体育教学实践的各个方面，如对教学中某一部分的组织安排的反思，对教学中强度和负荷大小安排的反思，对教学中某些动作学生的可接受性的反思。通过对教学的反思，及时修正或改进教学，为以后的教学留下参考依据，以不断提高自己的教学质量和教学效果。

（2）研讨课、公开课或示范课。对研讨课、示范课或公开课的准备要从课堂内容的选择、教学目标设计、准备活动安排、教学组织、运动强度和负荷把握等方面仔细思考。教学准备过程本身就是一个很好的学习与提高过程，这不仅成为体育教师学习、补充完善、积累和运用体育专业知识的动力，也利于授课教师展示自己教学技能，还能通过这些形式教学，对授课教师形成一定压力，并促进听课和授课教师进行教学反思，再经过研讨的形式，不断提高全体教师的整体教学能力。

此外，若要促使全体教师的教学技能都得以提高，就必须重视课后的反思和总结。教师要通过说课对上课的目的、教学目标、教学方法、组织形式、教学流程等环节进行说明，并通过集体评课，共同分析授课者成功和失败的原因,及时进行自我教学反思,总结经验教训;要从学生的角度来认识教学上的不足和缺陷,及时了解学生在学习时存在的问题和想法,并对学生反馈信息进行反思,就教学中的问题进行弥补和调整,以适应学生需求,最终促使教师教学技能不断提高。

（3）分析软件

1）通过分析软件的使用能够为教师提供客观、多维度的数据支持。教学反思需要建立在充分的事实和数据基础之上,而分析软件能够帮助教师收集学生在课堂上的表现数据,包括参与度、理解程度、问题解决能力等方面的信息。通过对这些数据的分析,教师能够客观地了解自己在教学过程中的优势和不足,为下一步的教学改进提供有力的支持。

2）分析软件的运用有助于发现教学中的潜在问题。在教学过程中,很多问题可能并不容易被教师直接察觉,而分析软件能够通过数据的搜集和比对,帮助教师发现一些潜在的教学问题,例如学生对某一知识点的普遍理解偏差、教学内容的难易度不匹配等。通过及时发现这些问题,教师能够有针对性地进行反思和调整,提高教学质量。

3）分析软件的使用还能够促进教师与学生之间的互动。通过教学反思软件在线平台,教师可以与学生进行更加实时、便捷的沟通。学生的反馈和意见能够迅速被收集和分析,从而帮助教师更好地理解学生的需求和期望。这种互动机制有助于建立更加紧密的师生关系,为教学反思提供更为丰富的素材。

（二）体育评课的规划与实施

体育课的课堂评价,即体育评课。评课是指对教师组织的教学活动进行综合的分析评议。这种分析评议是依据一定的原则要求、教育教学理念与原理,来对教学的素材、教师与学生在课堂教学中的行为和情境进行价值评判。因此,体育评课即依据体育学科的相关原理来对体育教师组织的体育教学活动进行综合的分析评议的过程。在这一价值评判过程中需要强调的就是分析评议的过程要符合学科本身的特点与要求。

评课作为教育评价中的一个重要组成部分,越来越受到重视。随着学校教育的发展和课程改革的不断深入,评课环节在教学过程中变得越来越重要,已成为学校教学活动非常重要的组成部分。体育评课作为评课中的一种细分形式,其相较于其他学科具有一定的特殊性,这是源自学科的本质属性,体育评课在一定程度上也是依托于评课的普遍原理而存在的。

1. 体育评课的规划

评课规划是指在实际评课前所进行的预设和准备。它对后面的实操评课是否有效至关重要。因此,做好体育课评价前科学、全面的策划工作是十分有意义的。

(1)明确评课活动的目的。评课组织者或评课者在评课前要明确开展此次评课的诉求是什么,即要清楚为什么开展此次评课活动。要明确评课活动的目的是考核评比、交流展示,还是推广经验。评课活动的目的不同就决定了在进行评课时采取的方法、所依照的标准都会有所不同。作为评课组织者或评课者,确定了评课活动的目的,才能够对整个评课活动进行宏观把控,抓住评课活动过程中的重点和保证后续的评课活动的顺利开展。进行评课时的目的不同,则会有不同的行为取向。

(2)确定评课的内容。体育评课内容是体育评课过程中的重要组成部分。在进行评课时,需要明确所要评价的是什么。这就需要对整个课堂教学活动进行分析,可以将体育课堂教学划分为课堂教学设计和课堂教学活动两个主要方面。通过对这两个主要方面不断地细化与具体化,可以构建出评价的内容体系。

(3)选择评课的方法

1)综合评价法。综合评价是指对多属性体系结构描述的对象系统做出全局性、整体性的评价。主题评价,是对多属性体系结构描述的对象系统做出针对性、具体性的评价,其偏重于某一具体方面的评价。

综合评价法主要是一种以课堂教育教学活动的整体结构为基础,以其中基本要素的构成原理与理论为依据,经过综合分析、归纳之后做出整体性综合评价的方法。综合评价法主要是评课者通过对课堂教育教学活动各要素的全面评判和分析,是对执教者的课堂教育教学活动进行整体的评析。

在实际操作综合评价法时,首先,评课者根据评课的目的与需要,设定好需要评价的主要维度,如教学思想、教学目标、教材处理、教学程序结构、教学方法与手段、教师基本素养、教学效果等。其次,评课者在评课时,根据设定好的评课标准进行观察记录评析。最后,评课者依据一定的理论基础与原理,对评课标准中所设定的各维度进行高度概括性的评析。综合评价法注重的是对各维度或指标的简要说明,能够对课堂教育教学活动进行全方位评价。综合评价法整体性较强,比较全面,但对教学活动各环节的深入评析会相对欠缺。这一评课方法一般比较适用于等级评比类评课活动。

2)主题评价法。主题评价法主要是指评课者在进行评课前先选择需要评价的某一角度或侧重点来进行评课。主题评价法强调的不是全面性,而是针对性,即评课者在评课前是带着主要的问题来进行评课的。这种方法主要是为了对课堂教育教学活动中某一主题进行深入的探索与研究,强调的是对评价主题内容的深度。主题评价法在实际操作时应从三方面进行:首先,评课者在进行评课之前先确定评课的主题;其次,评课者在评课时,着重对确定的主题进行观察记录评析;最后,评课者针对主题进行具体而深入的评析。例如,评课活动确定的主题是体育教学方法手段的合理运用,那评课者就把评课的重心放在执教者的体育教学方法的运用上,在最后点评时也主要针对体育教学方法的运用进行分析评判。这一评课方法一般比较适用于教学研究类、典型示范类或交流展示类评课活动。

3)量化评价法。量化评价法可以定义为通过可评价内容转化为可以量化的数量,经过测量这些相关数据,并以量化统计方法来分析结果数据,最终达到评价目的的一种方法。量化评价法,主要是指评课者在进行评课前把评价内容划分成具体的指标,并进行定量的评价,强调的是对具体指标的判定。量化评价法主要是为了促进评课的具体化,并且能够使评课具有一定的区别性。它是一种客观性的评价方法。

量化评价法在实际操作时,首先,评课者要对所需要评价的内容进行划分,确定需要评价的维度,并划分成具体评测的指标。其次,评课者依据观察情况对每项评测的指标进行定量的评判,如对每一指标进行打分等。最后,评课者根据评测的结果,对课堂教学活动进行评析。例如,评课者在进行评课之前,制定课堂教育教学活动的评价量表,针对课堂教育教学活动的具体表现情况进行打分评测,再根据结果进行点评。这一评课方法一般比较适用于等级评比类评课活动。

4)质性评价法。质性评价法是指以人文主义认识论为基础,通过文字图片等描述性手段,对评价对象的各种特质进行全面充分地揭示,以彰显其中的意义,促进理解的教育评价活动。质性评价法主要是指评课者在进行评课时对评价的内容进行真实而深入的评价,强调的是对评价的内容进行细致而深入的分析和评判。质性评价法更多的是以评价者的视角来分析和评判评价内容,带有明显的主观色彩。

质性评价法在实际操作时,首先,评课者要确定评价的内容,有关注的重点。其次,评课者根据现实的情境对所观测的内容进行观察与思考。最后,评课者依据自身的认识与经验对评价内容进行具体的分析与评判。例如,评课者在对小学五年级的一堂足球课的课堂教学进行评价时,评课者通过对课堂教学的观察,针对教学内容的设计进行了评价。评课者认为课堂教学中过多地重视动作技术的传授,而忽略了足球运动的集体性,在教学中团队配合的练习太少。这样的评价描述主要还是依据评价者对体育教学内容的认识与经验,进行评判。这一评课方法一般比较适用于教学研究、督查指导类评课活动。

(4)制定评课的标准。体育评课标准,是对体育课评价内容中各维度提出的具体要求,是对评价内容不断地具体化而产生的。体育课程标准是评价体育教育教学活动的准则与依据。因此,制定体育课堂教学评价标准对评课活动具有非常重要的意义。

2. 体育评课的实施

体育评课的实施,主要指的是评课活动在实际的教育教学活动具体开展或施行的过程。它是评课活动落实到实践行动的过程,而这一过程是按照一定的顺序推进评课活动实施的。

(1)了解教学基本情况。评课活动并不是盲目进行的,需要评课者在评课活动进行前先获取一些基本的信息。这些基本信息的获取就是了解教学的基本情况,其中主要包括了解学生的基本情况、了解教师的基本情况、了解教学设计的基本情况和了解课堂教学内容等。

(2)"观课"与信息收集。在体育评课活动中,"观课"与信息搜集被认为是最为关键的环节。首先,所谓"观课"是指对特定体育课堂进行系统性、深入的观察和分析,旨在获取有效信息。这一步骤的重要性在于它为评课者提供了直观而全面地了解教学过程的机会。通过仔细观察教师的教学策略、学生的参与程度以及整体课堂氛围,评课者能够有效地捕捉到教学中的亮点和问题。同时,信息搜集作为评课活动中不可或缺的一部分,具有至关重要的地位。评课的目标是全面、客观地评价教学质量,而搜集到的信息将成为评价的重要依据。这些信息涵盖了教学设计的合理性、教学手段的灵活运用、学生学科知识的掌握情况等方面。通过充分搜集和记录这些数据,评课者可以为评价提供有力的依据,确保评价的客观性和科学性。

在信息搜集的过程中,评课者需要注重细节,全面了解教学现场的方方面面。这包括教师的语言表达能力、学生的学习态度、教学资源的利用情况等。只有通过充分而系统的信息搜集,评课者才能够建立起对整个教学过程的全面认知,为后续的评价工作提供充足的素材。

(3)整合信息做出评判。整合信息主要是对评课过程中所获得的信息进行整理与分析。通过整理和分析这些信息,能够为评课者提供更多的评判依据,例如,对所测的脉搏数据进行整理分析,来评判课堂教学活动的达成情况。并且通过整合信息能够更加深入、全面地了解课堂教学活动,有利于评课者对课堂教学活动做出评判。整合信息在一定程度上保证了评课者对课堂教学活动所做的评价的准确性。

(4)点评与信息反馈。点评与信息反馈同样也是评课活动非常重要的一个环节,它是评课者对执教者的课堂教学活动所做出的评判反馈。

1)点评形式。主要分为个别交谈式评析和集中讨论式评析。

一是个别交谈式评析:个别交谈式评析主要是指评课者与执教者双方面对面地交流沟通。实践证明,用个别交谈式评析,评课效果最佳,这是因为集中讨论式评析容易造成从众心理、表面化。在观课人数较少的情况下应该采取这种形式。

二是集中讨论式评析:集中讨论式评析是目前各中小学公开课、观摩课或教学竞赛活动的评课大多采用的形式。其主要有两种形式:①区(县)级教研活动中集中讨论式评析。这种形式一般由教育行政部门或教学研究部门做总体安排,由学科教研员具体操作。主要的过程就是先由执教者教学,而后说明设计意图,由评课者或观课者发表各自看法进行讨论,最后由专家或教研员进行总结评析。②学校集中式讨论评析。这种形式规模大小,依据学校组织的范围而有所区别。学校集中讨论式评析的程序,大体上与区(县)级集中讨论式评析一样。但对评价者中同学科同年级的教师,应当提出更高要求,要让这些教师在评析活动中起主导作用。

2)撰写评语。撰写评语主要是依据评课者对体育教学活动的整体认识与理解,撰写的评课评语应该是对执教者课堂教育教学活动评价的高度总结,应该是一语中的,而不能只是泛泛之谈。因此,在撰写评课评语时应该注意以下方面:

一是依据评课活动目的与要求来撰写评语。撰写评语主要是评课者对所获取的信息的主观和感性的认识。不同的评课者会有不同的感受,在评语的表述中会体现出差异。但在撰写评语时,应依据评课活动的目的与要求。在相同的评课活动中,评课者的评语表述或侧重点可以不同,但在撰写评语的整体结构或指向上应该大致相同。例如,评课活动的目的就是督查指导,那评课者在撰写评语时应该在充分肯定执教者的优点的同时,着重去说明执教者的教育教学活动中存在的问题与不足,这样才能帮助执教者的成长,才符合这类评课活动所追求的目的。而不能简略地说明问题与不足,把重点放在一味地讲优点方面。

二是围绕评课活动中关注的重点来撰写评语。评课活动本身就是要突出重点,评课者所关注的方面是有限的,在评课活动中不可能做到面面俱到,否则在评课的深度方面就会有所欠缺。撰写评语其实就是对评课活动的一种反映形式。评语中所突出的重点就是评课活动中所关注的重点。例如,评课者在评课活动中评课的重点是课堂教学中的教材处理情况、课堂教学中教学方法的选择与运用情况以及课堂练习密度情况等方面。在撰写评语时,所要突出的重点应该是围绕评课活动中所关注的重点来,而不能抛开这几方面去过多地评析其他方面。

三是根据评课的实际情况切实地撰写评语。对于评课的要求首先就是实事求是,同样对于撰写评语也要做到实事求是。撰写评语必须根据评课的实际情况,做到客观、准确、具体,切忌程式化。撰写的评语是针对评课活动中的某一点,凸显评语所要表达的价值,避免脱离实际,过多地说空话、套话。例如,评课者在对执教者选择与运用教学方法方面进行评价时,不能简单地说,"在选择与运用教学方法方面有新意,能够反映出体育课标所提出的要求,比较适宜、合理",而是要体现出选择与运用的具体意义所在,能够让学生投入学习,运用这一教学方法起到真正作用。

第三节 体育教学课外活动指导技能的提升

体育课外活动是指在体育课以外,组织学生有目的、有计划、有组织地参加体育活动,它是学校课外活动的内容之一,并与其他学科密切配合,共同完成学校的教育任务。

一、体育课外活动的组织形式

学校体育课外活动的组织形式有早操、课间操、班级体育活动、体育俱乐部活动与运动队训练,这些组织形式及方法,保证了体育课外活动的顺利开展,收到良好的效果。

(一)早操

早操是一种常见的体育课外活动,通常在有住校生的学校中进行。其形式多样,包括学校规定的和集体组织的形式。学校规定的早操可能包括集体跑步、做操等,旨在培养学生良好的生活习惯和增强体质。此外,也有学生自觉进行的个人行为,例如,结伴而行或个人进行的早晨跑步、练习武术等。早操对学生的生活习惯养成、体质提升和学习效率的提高具有重要作用。

早操的运动负荷不宜过大,时间不宜过长。过度疲劳可能影响学生一天的学习和生活。因此,组织早操时应确保运动强度适中,既能促进血液循环、提神醒脑,又不至于造成过度疲劳。

(二)课间操

在我国的学校中,普遍有课间操制度。课间操的内容主要以广播操为主,同时结合一些武术、游戏和跑步等简单易行的体育活动。有些学校根据自身特点制定课间操的组织形式,可能会采用学校传统项目内容进行组织。无论采取何种方式,课间操的主要目的是消除学生在学习中产生的疲劳,使其得到积极的休息,从而提升学生的学习效果。

在进行课间操时,同样需要注意运动负荷不宜过大。课间操的时间较短,主要是为了短暂地活动一下身体,激发学生的精神,而非进行长时间的体育训练。适当地运动能够提高学生的注意力和学习效率,但过度运动可能导致疲劳。因此,课间操的组织形式和内容需要科学合理,确保在轻松愉悦的氛围中完成。

(三)班级体育活动

班级体育活动是以班级或小组为单位在课外时间进行的体育活动。其活动内容主要包括复习巩固体育课中所学的技能和技术、各种项目兴趣小组的活动以及学校的传统项目活动(如郊游、登山等)。这种组织形式旨在通过班级内的团队合作和集体活动,加强学生之间的交流与合作。班级体育活动的指导形式主要有两种:①集体活动,即整个班级一同参与;②小组活动,根据学生的兴趣、爱好和水平等条件分组进行活动。通常,班级体育活动的时间安排在下午文化课结束后,有助于缓解学生在学业中的紧张感,促进学生身心健康。

(四)体育俱乐部活动

体育俱乐部活动分为单项性和综合性两种。单项性俱乐部以一个具体的体育项目为活动内容,如健身俱乐部、体育舞蹈俱乐部、网球俱乐部等。而综合性俱乐部则在一个俱乐部内开展多种体育项目的活动,学生可以在中午、下午和晚上的课余时间参加。这种形式为学生提供了更多选择,学生能够根据个人兴趣和时间灵活参与不同的体育项目。体育俱乐部活动的发展趋势表明,它成为学生体育课外活动的主要场所,同时对高等体育教育提出了新的目标和要求,强调多样化、个性化的发展方向。通过体育俱乐部,学生可以更全面地培养体育兴趣,提高技能水平,促进身心健康的全方位发展。

(五)运动队训练

学校的运动队是在体育运动得以普及的基础上,选拔出在单项运动中表现较好的学生组成的团队。运动队的层次包括校队、为中考或高考而组成的运动队以及各班级组成的运动队。校队通常由优秀的运动员组成,专门为学校赛事输送专业人才。另外,为了应对中考或高考,学校可能会组织相应的运动队,以帮助学生在考试中获得更好的成绩。各个班级也可以组成运动队,参加学校的各种比赛。

运动队训练的目的是提高学生在特定运动项目上的技能水平,培养团队协作精神,同时也有助于学生的身心发展。运动队训练需要有系统地计划和组织,包括技能训练、体能训练、战术训练等方面。此外,运动队的组建和训练也需要得到专业体育教师的指导和支持,以确保训练的科学性和有效性。

二、体育课外活动的组织原则

(一)寓教于乐原则

作为学校教育活动的组成部分,学生可以依靠对课外活动的热爱,自己进行适宜的思想教育,让学生自己能够根据兴趣—乐趣—志趣的正确道路逐步发展。在课外活动中,要能够结合现实生活的目标和社会主义建设的实际进行教学,让学生了解到自己的学习与社会主义的建设息息相关,使学生能够用饱满的激情进行学习。学生还可以通过科技兴趣活动,进行"学科学、爱科学、用科学"的学习,通过进行读书、体育、艺术等方面的活动,在提高鉴赏能力的同时,提高思想境界,以自觉抵制腐朽思想。通过文史、地理、生物等学科小组活动,使学生加深对祖国的热爱,增强学生对美好生活的向往,从而用更加积极乐观的态度面对生活。

(二)因材施教原则

我国现代化建设需要多方面的人才,每个人的个性、特长、爱好都不尽相同,每个人都有自己的特点。教师在教学过程中需要处理好学生的共性与个性的关系,使每个学生都能得到充分的发展。这里的共性指的是对学生共同的要求,是从整体方向上来谈的,例如,对能力、思想品德的要求;个性是指每个学生的特性,每个学生的思想、身体水平都存在着差异,针对不同学生的教育方法不能从一而论。为了使每个学生都能对课外活动产生乐趣,投入其中,就要保证课外活动的形式要多种多样。

1.普及和推广课外活动

为使学生的特长能够得以提高和发展,可以根据实际情况开展提高型或特长型的活动,使他们的才能得到发挥。

2.对于培养学生的能力要有层次和要求上的不同

只有正确地理解每一个学生的特点,才能针对不同的学生制定不同的成长道路,保证学生的全面健康发展。

3.树立正确、全面的人才观

学生在各个方面上会有很大的差异,每个人显露出自己才能的方面是不同的。有很多学生虽然专业课的成绩比较差,但却有着其他方面的特殊才能。教师在指导课外活动时不能对学生抱有偏见,排斥差生,要做到尊重每一个学生,发现他们的特长,使每个人的才能都能得到发挥。

(三)家校社相结合原则

课外活动作为学生综合素质教育的重要组成部分,其开展不仅依赖于学校内部资源,还要得到家庭和社会等多方面力量的协同支持。尽管学校提供物资和师资是课外活动的基础保障,但单靠学校的力量显然无法满足活动的全面需求。因此,课外活动的拓展和有效实施,必须依托更广泛的社会支持体系。

在师资力量方面,不乏家长本身就是某个领域的专业人士,其专业素养往往比学校教师更为深厚。这些家长能够为自己的孩子提供专业的技能指导,并在课外活动中扮演辅导他人的角色,有效弥补学校师资力量的不足,使学生在实践中获得更为系统和深入的学习体验。社会力量的加入对于课外活动的开展同样至关重要。社会资源不仅包括管理人员和专业师资的供给,还涵盖设备设施、场地等支持,如少年宫等社会机构提供了丰富的场地资源。这种与社会资源的结合不仅能够丰富课外活动的内容和形式,还能通过开放的学校—社会联系,促进教师的学术交流和学生的社会适应能力。

因此,课外活动的有效展开需要通过家校社三方的协同作用实现最佳效果。这种协作模式不仅能够弥补学校资源的不足,还能够促进学生在实践中的全面发展。学校作为主体,通过引入外部力量,使得课外活动不仅仅是教师的传授和学生的接受,更是整个社会资源的共同投入和回馈。

三、体育课外活动的指导技能的提升

体育课外活动作为学校体育活动的一个组成部分,教师也要对其加以指导。在进行课外活动前,教师要对学生的体育课外活动进行组织、设计、指导,在活动结束后进行总结、评价。在组织体育课外活动时要保证其形式多样、内容丰富,且全面促进学生的身心健康发展。

(一)明确要求,计划周全

体育课外活动在学校体育教育中具有不可替代的重要作用,其组织与管理的有效性直接关系到学生身心健康的全面发展。为确保这些活动的有序进行,需要明确一系列具体要求并制定周全的计划。

1.加强教育宣传

学校应当通过多种渠道,如校内广播、宣传栏、班会等,广泛传播体育

189

活动的意义、目的以及参与的积极影响,以激发学生的参与热情。教育宣传应涵盖对体育、合作意识和团队协作能力等方面的培养,以全面推动学生体育素养的提升。

2. 保证场地器材的充足且合理安排时间

校方应提前规划和预定适宜的场地,并确保器材的质量和数量满足活动需求。同时,通过科学的时间安排,避免时间冲突和资源浪费,以保证每个学生都能充分参与体育课外活动。

3. 制定合理的规章制度

明确参与者的责任和义务,规范行为规范,有助于维持良好的秩序和氛围。规章制度的制定需要考虑学生的年龄、性别和体育活动的性质,以保证公平、公正、合理。此外,必须制定明确的评定标准,用以衡量学生在体育课外活动中的表现,既激发积极参与的动力,又有利于个体的成长和发展。

4. 加强医务监督

学校应建立健全医疗体系,确保有专业医务人员参与体育活动,对参与者进行身体健康检查,并在活动中提供及时的急救服务,以应对突发状况。

(二)团结协作,统一指挥

体育课外活动的成功实施,依赖于全校范围内师生的集体参与与协作。在此过程中,体育教师作为活动的主要组织者,承担着指导与协调的职责。然而,其他学科教师的参与同样不可或缺,他们能为体育活动提供多元化的专业支持,促进学科间的交流与学生综合素质的提升。因此,体育课外活动的组织应充分发挥教师团队的集体智慧和创造力,实现资源的有效整合。

体育课外活动的目标应通过全校师生的共同努力来达成。这要求在活动的策划与执行阶段,建立一种积极的合作环境,激发师生的参与热情。通过明确活动目标和任务,不同年级和班级之间应形成有效的协作机制,以推动活动的顺利进行。

加强体育课外活动需要全校教师的共同努力,校长在此过程中扮演着核心角色。校长应认识到体育课外活动的重要性,并将其纳入学校的整体发展规划中。在具体实施中,校长需协调各方关系,明确工作重点,通过统一指挥确保各项职责清晰、分工合理。在统一指挥的框架下,可以充分调动各方资源和力量,确保体育课外活动在时间、地点和人员安排上的高效性。

(三)落实工作,分级考核

要使体育课外活动落到实处,学校就应该发挥其应有的作用,要强调"五个落实"。

1. 活动内容落实

活动内容的精心策划对于激发学生兴趣、促进知识与技能的掌握至关重要,应注重理论与实践的结合,以实现学生的全面发展。

2. 时间落实

学校需在教务安排中为体育课外活动预留出足够的时间,并要求严格按照既定时间执行,以避免与学业进程的冲突。

3. 地点落实

地点的选择应基于活动内容的需要,合理选定校内或校外的场地,并确保场地符合安全标准,为学生提供安全参与的环境。

4. 人员落实

人员的落实涉及辅导员与值班教师对参与人数的确定以及责任分工的明确,这对于提高活动的组织效果和确保活动有序进行具有重要意义。

5. 经费落实

经费的充足支持是体育课外活动顺利开展的保障,包括场地租用、器材购置等费用的合理安排,为学生提供更好的体育体验。

通过"五个落实"的全面推进,可以有效提高体育课外活动的实施水平,确保活动的质量和效果。同时,对于每一个方面的落实情况,应建立层级化考核制度,对各项工作进行定期评估,为进一步提升体育课外活动的质量提供指导和保障。

第六章

"学练赛评"模式下体育学生的全面发展

第一节　高校学生体育兴趣与动机的激发

一、改善体育设施和环境

(一)增加投入,提升设施质量

高校应加大对体育设施的投入,确保体育设备的先进性和完备性。具体来说,学校应定期更新和维护体育器材,避免因设备老旧或损坏影响学生的运动体验。例如,更新篮球场的篮球筐、足球场的草皮,确保羽毛球场和网球场的地面平整,并购置高质量的健身器械和训练设备。

(二)创造舒适的运动环境

良好的运动环境是学生积极参与体育活动的重要因素之一。高校应注重体育场馆的环境建设,如改善照明系统、优化通风条件、提供干净整洁的更衣室和淋浴设施等。此外,校园内应增设更多的开放式运动场地,方便学生随时进行体育锻炼。

(三)打造多功能综合性体育场馆

现代化、多功能的综合性体育场馆可以满足不同学生的多样化运动需求。例如,一个综合体育馆可以包括篮球场、羽毛球场、健身房、游泳池等多个区域,使学生在一个场馆内就能体验到多种体育运动的乐趣。这种一站式的体育场馆不仅提高了设施的利用率,也为学生提供了更丰富的选择。

二、丰富体育课程内容

(一)多样化课程设置

高校应根据学生的兴趣和需求,开设多样化的体育课程。传统的篮球、足球、羽毛球等项目固然重要,但还应引入瑜伽、普拉提、攀岩、射箭等新兴运动项目,以满足不同学生的兴趣爱好。例如,开设跆拳道、泰拳等自卫术课程,不仅能提高学生的身体素质,还能增强他们的自我保护意识。

(二)灵活安排课程时间

为了方便更多学生参与体育锻炼,高校可在不同时间段开设体育课程,供学生灵活选择。此外,还可以开展短期培训班和兴趣小组,如寒暑假期间组织游泳培训班、冬季滑雪训练营等,既丰富了学生的课余生活,又增强了他们的运动技能。

(三)推广户外和团体运动

户外和团体运动能有效增强学生的团队合作精神和集体荣誉感。高校可以组织远足、登山、自行车骑行等户外活动以及集体舞、团体操等集体项目。这不仅能锻炼学生的身体,还能促进同学之间的交流和互动,增强集体凝聚力。

三、开展丰富多彩的体育活动

为了营造一个积极向上的校园体育氛围,高校应定期组织各类体育比赛、运动会及健身活动。这不仅能够激发学生的体育兴趣,还能增强他们的身体素质和团队合作精神。

(一)校际联赛

校际联赛是激发学生参与热情的有效方式之一。通过与其他高校的竞技比赛,学生能够感受到更强的竞争压力和动力。无论是篮球、足球、排球等传统体育项目,还是电子竞技、棋类比赛等新兴项目,都可以纳入校际联赛的范畴。这样的赛事不仅能提高学生的运动技能,还能增强他们的荣誉感和集体意识。

(二)班级对抗赛

班级对抗赛可以在校内不同班级之间展开,比赛项目可以涵盖篮球、足球、羽毛球、乒乓球等多种运动。通过这种方式,学生不仅可以在比赛中展现个人风采,还能增强班级凝聚力。此外,班级对抗赛的组织也比较灵活,可以根据具体情况随时安排,激发学生的参与积极性。

(三)趣味运动会

趣味运动会是增强学生参与热情的另一个重要途径。这类运动会可以设计一些趣味性强、规则简单的比赛项目,如袋鼠跳、拔河比赛、接力赛跑等。通过举办这些趣味运动项目,令学生在享受运动乐趣的同时,还能在合作中增进友谊,缓解学习压力。

(四)健身活动

高校可以组织各种形式的健身活动,如晨跑、夜跑、团体操、健身操等。通过这些活动,学生不仅能增强体质,还能培养良好的生活习惯。此外,学校还可以定期举办健身讲座,邀请专业教练为学生提供科学的健身指导和建议。

四、加强体育文化建设

高校在激发学生体育兴趣和动机方面,还应注重体育文化的建设,通过多种方式传播体育精神和健康理念。

（一）举办体育讲座

体育讲座是传播体育知识和理念的重要途径。高校可以邀请知名运动员、教练员或体育专家到校座谈,分享他们的运动经历和心得体会。这不仅能激发学生对体育的兴趣,还能为他们树立运动榜样。此外,体育讲座还可以涵盖运动营养、运动心理学等方面的内容,为学生提供全方位的体育知识。

（二）举办体育文化节

体育文化节是展示和传播体育文化的综合性活动。高校可以每年固定时间举办体育文化节,其间开展各类体育比赛、文艺表演、体育摄影展等活动。通过这些丰富多彩的活动,学生可以深入了解体育文化,增强对体育的认同感和热情。

（三）体育明星访谈

高校可以邀请优秀的校友或知名运动员进行体育明星访谈活动,通过面对面的交流,让学生近距离感受体育明星的人格魅力和运动精神。这样的活动不仅能激发学生对体育的兴趣,还能激励他们树立远大目标,积极参与体育锻炼。

五、提供心理支持和指导

（一）及时关注学生心理状态

体育教师和辅导员应该时刻关注学生的心理状态。他们可以通过日常接触、观察学生的表现以及与学生的交流,了解他们在体育活动中可能面临的心理困难和挑战。比如,有些学生可能因为比赛失利而情绪低落,有些学生可能因为训练压力大而产生焦虑等情绪问题。

（二）帮助学生克服困难与挫折

一旦发现学生存在心理问题,体育教师和辅导员应该及时介入,与学生进行沟通,并给予必要的心理支持和鼓励。他们可以采用倾听、理解、鼓励的方式,帮助学生树立正确的心理态度,克服运动中的困难和挫折。例如,针对比赛中的紧张情绪,可以通过放松训练、呼吸控制等方法进行调节;针对训练中产生的疲劳感,可以通过合理安排休息时间、营养补充等方式进行改善。

(三)培养自信心与坚持精神

心理支持和指导的目标之一是帮助学生培养自信心和坚持精神。体育教师和辅导员可以通过积极的心理引导,帮助学生建立正确的自我评价体系,认识到每一次努力和付出都是值得的。通过正面的反馈和鼓励,激发学生在面对困难时的内在动力,提升学生的抗挫能力和自我调节能力。

第二节 高校学生体能的训练与培养

一、体能力量素质训练

力量训练是体能训练的重要环节,对于运动员提高竞技能力,取得优异成绩具有十分重要的作用。[①]

(一)力量素质训练的内容

1.肩部力量

(1)胸前推举

方法:两手持铃,将杠铃翻起至胸部位置,随后迅速将杠铃上推过头顶,再屈臂将杠铃慢慢放回至胸部,重复进行此动作。

---

① 朱莉莉.力量素质训练理论研究[J].济源职业技术学院学报,2007,6(1):75.

作用:主要锻炼三角肌的前束和中部以及斜方肌上部、前锯肌和肱三头肌的力量。

(2)颈后推举

方法:站直身体,打开肩膀,双手持铃向后将杠铃举起。接着,将杠铃置于脖子后方,确保手臂伸直,重复进行此动作。此外,可以选择坐着进行此动作,或者使用宽握或窄握的方式。

作用:与胸前推举相似,但更多地强调三角肌的后束以及斜方肌中部的锻炼。

(3)翻铃坐推

方法:坐于训练凳上,双手同时握住身体前方的杠铃。首先,将杠铃降低至胸部位置。接着,用双手将杠铃举起至稍微超过头顶的位置。然后,将杠铃轻轻置于脖子后方,再从脖子后方、头后方向前推出,最后慢慢将杠铃放回至身体前方的下胸位置。

作用:主要锻炼三角肌的前束、中束和后束以及斜方肌的力量。

2.上臂力量

(1)颈后臂屈伸

方法:身体直立,两臂上举反握杠铃(也可正握,但反握比正握效果好),握距同肩宽,做颈后臂屈伸动作。

作用:主要发展肱三头肌力量。

(2)弯举

方法:身体直立,反握杠铃,握距同肩宽,屈前臂将杠铃举至胸前。可坐着练习,也可用哑铃等器械练习。

作用:主要发展肱二头肌、肱肌、肱桡肌等力量。此外,也可采用仰卧弯举、肘固定弯举、斜板哑铃弯举进行练习。

(3)双臂屈伸

方法:不负重或脚上挂重物,捆上沙护腿等,在间距较窄的双杠上做双臂屈伸。

作用:主要发展肱三头肌、胸大肌、背阔肌力量。

3.前臂力量

前臂力量训练主要采用少组数(3~5组),多次数(16次以上),组与组之间间歇很短的练习方法。

(1)腕屈伸

方法:身体直立,两手反握或正握杠铃做腕屈伸,前臂固定在膝上或凳子上,腕屈伸至最高点,稍停顿,再还原。

作用:主要发展手腕和前臂屈手肌群和伸手肌群力量。

(2)旋腕练习

方法:身体直立,两臂前平举,反握或正握横杠,用屈腕和伸腕力量卷起重物。

作用:主要发展前臂屈手肌群和伸手肌群力量。

4.腹部力量

(1)仰卧起坐

方法:仰卧于凳上或斜板上,两足固定,两手交叉放于脑后,然后屈上体坐起,再还原至起始位置,反复进行此动作。

作用:主要锻炼腹直肌和髂腰肌的力量,有助于增强腹部肌肉。

(2)半仰卧起坐

方法:躺在地板上或训练垫上,双手可握住哑铃置于脑后(若需增加难度)。弯曲膝盖并抬起双腿,同时上半身向前向上滚动。练习时,请注意,上半身抬起时,下背部和臀部应紧贴地板或训练垫,避免抬起。深吸一口气,在动作顶点时呼气,两次收缩之间暂停约2秒。此外,为了增加训练强度,可以将哑铃置于上胸部。

作用:主要锻炼腹直肌上部和髂腰肌的力量,有助于增强腹部肌肉的上部区域。

（3）仰卧举腿

方法：仰卧在斜板上，两手置于身体两侧并握住斜板以保持身体稳定，然后两腿伸直或稍屈向上举至与地面垂直或超过垂直位置。

作用：主要锻炼腹直肌下部和髂腰肌的力量，有助于增强腹部肌肉的下部区域。

5. 全身力量

（1）窄上拉

方法：站立时双脚与肩同宽。在单杠附近，双臂放松与肩同宽，然后深蹲，并在杠铃抬高到大腿中部和小腿中部时保持胸部和腰部挺直。随后，整个人用力站起，臀部、双腿伸直，脚后跟蹬地，手肘抬起。

作用：主要发展骶棘肌、斜方肌、前锯肌、臀大肌、股二头肌、半腱肌、半膜肌、大收肌、股四头肌、三角肌、肱肌、小腿三头肌以及屈足肌群的力量。

（2）高抓

方法：高抓技术由四个部分组成：准备、提铃、发力和蹲下支撑。首先进行准备，然后举起铃铛，拉到与肩同宽的位置。在发力阶段，肘部向上，杠铃随之上移，腿部则协同发力。在蹲下支撑阶段，身体下降，杠铃置于头顶上方，同时摆动前臂，肘部形成支撑。

作用：主要发展伸膝、伸髋、伸展躯干及肩带肌群的力量，并能有效地发展爆发力。

（3）箭步抓

方法：预备姿势、提铃、发力部分与高抓相同。在发力即将结束时，做前后箭步分腿，同时，将杠铃提拉过头顶，伸直两臂做锁肩支撑。

作用：与高抓作用相似，并能有效发展爆发力。

（4）挺举

方法：挺举由提铃至胸前和推举两部分组成。深蹲技术通常用于将铃铛举到胸部。整个动作包括准备、举铃、发力推举、蹲起和起立。深蹲时,当杠铃升高到腰带高度时,双腿主动向两侧伸展。膝盖弯曲,同时肘部弯曲,以肩膀为"轴"旋转,将杠铃抬至胸部,靠在锁骨和肩膀上。

作用:提铃部分主要发展各相应部位的肌肉。同时也会发展全身协调用力及爆发力。

(5)高翻

方法:将杠铃从地面提至胸部,提铃至胸时下蹲高度为半蹲,其他要领基本同挺举下蹲翻。

作用:主要发展各相应部位的肌肉。同时也会发展全身协调用力及爆发力。

(6)箭步翻

方法:与挺举的基本动作相同,但在提铃至胸后,做前后箭步分腿,同时杠铃绕胸部旋转。先伸直前腿,然后拉半步,再向前拉后腿。在水平线上彼此平行站立并重复练习。

作用:主要发展各相应部位的肌肉。同时也会发展全身协调用力及爆发力。

(二)力量素质训练的方法

1.静力性力量训练

静力性力量训练,是肌肉的等长收缩形式,作为发展力量的一种方法,静力练习又被称为等长练习。学生在开展静力性力量训练时,其肢体必须维持着固定不变的姿势,为了抵御外界的阻力,工作肌在不缩短或者无法缩短的状况下形成了最大张力或者相关张力,然而肌肉的长度却不出现任何的变化。

静力性力量训练的方法有很多种,此处主要从四种情况来讨论静力性力量训练的方法:①通过增减支撑点的数量来增减静力性力量训练的难度;

②通过改变力矩来增减静力性力量训练的难度;③通过改变支撑面来增减静力性力量训练的难度;④通过增减外加阻力来增减静力性力量训练的难度。

(1)腹桥训练法

练习目的:发展核心肌群的力量与稳定性。

动作要点:起始状态,学生俯卧于垫子上,双肘垂直支撑于胸部正下方,双脚彼此分开和肩部保持同等宽度,前脚掌支撑,眼睛目视地面,头部、肩部、髋部与踝部控制在一个平面内,身体始终保持静止。

注意事项:学生一定要在规定的时间范围内把控自身的核心肌群的力量,调整身体姿势,确保动作的品质,有意识地调节呼吸。

(2)臀桥训练法

练习目的:发展核心肌群的力量与稳定性。

动作要点:仰卧于垫上,双腿屈膝,双脚撑于地面上,双臂自然垂放于体侧。向上顶髋,肩部、躯干、膝部处于同一平面上。

注意事项:在规定的时间范围内调整身体姿势,并调整呼吸。在规定的时间内控制身体姿势,注意调整呼吸。

(3)侧桥训练法

练习目的:发展核心肌群的力量与稳定性(脊柱的抗侧屈)。

动作要点:身体呈直线侧卧于地板上,左手放于躯干正下方,双脚并拢,左肘屈肘呈90°撑起躯干,双腿伸直。完成动作至规定时间,回到起始姿势,对侧相同。

注意事项:撑起躯干时,腹肌收紧,收下颌,伸髋,使躯干保持直线姿势,身体躯干、支撑手臂与双腿三者呈直线。

2.向心性力量训练

向心性力量训练又称为动力性的克制收缩练习,是指肌肉从拉长的状态中缩短以克服阻力而完成动作。肌肉在收缩时起止点彼此靠近,因而动力性克制收缩练习也可以视为肌肉的向心性工作。这一方法最显著的特征是动作快速、功率较大,能有效地提高肌肉力量、速度和肌肉耐力。学生开展向心性力量训练时,能够满足学生的一些专项需求,不同的目的需要不同的训练负荷、次数、完成时间以及间歇时间。

(1)前蹲举

练习目的:锻炼臀大肌、半膜肌、半腱肌、股二头肌、股外侧肌、股中间肌、股内侧肌和股直肌。

起始姿势:学生站立于杠铃下,双脚平行站立;将杠铃扛在肩上;伸膝举杠。

向下运动阶段:学生保持背部平整直立,逐渐抬高肘部,挺胸并充分扩胸;以较慢的速度屈髋、屈膝,同时保持躯干与地面的固定角度;确保脚跟接触地面,膝盖在脚正上方,继续屈髋、屈膝直到大腿与地面平行,避免躯干变圆或前倾以及脚后跟离地。

向上运动阶段:学生仍然保持背部平整直立,逐渐抬高肘部,挺胸并充分扩胸;保持相同的速度伸展髋部和膝部(保持躯干与地面的固定角度),保持脚跟在地面上,膝盖在脚正上方,避免躯干前倾或背部变圆;继续伸展颈部和膝部,直至回到起始姿势,完成一组动作。

(2)后蹲举

练习目的:锻炼臀大肌、半膜肌、半腱肌、股二头肌、股外侧肌、股中间肌、股内侧肌和股直肌。

起始姿势:以闭锁式正握抓杠(握宽取决于杠的位置),双脚与肩同宽;将杠置于上背部和肩部。

向下运动阶段:保持背部挺直、肘关节抬高,挺胸并充分打开的姿势;在保持躯干与地面角度固定的情况下,缓慢地屈腰、屈膝;保持脚跟在地面上,膝关节不要超过脚尖;持续屈髋、屈膝直到大腿与地面平行,切勿躯干变圆或前屈,或脚后跟离开地面。

向上运动阶段:保持背部平直,抬高臀部,挺胸并充分打开,以相同速率伸髋、伸膝(保持躯干与地面角度固定);保持脚后跟在地面上,膝部在脚的正上方;切勿躯干前屈或背部变圆;继续伸颈、伸膝直到起始姿势为一组动作完成。

(3)直腿硬拉

练习目的:锻炼臀大肌、半膜肌、半腱肌、股二头肌、股外侧肌、股中间肌、股内侧肌和股直肌。

起始姿势:当从地面上拉起杠铃做完硬拉练习之后,膝关节处于轻度或中度弯曲,在整个练习中将此姿势作为起始姿势,所有重复动作均由此姿势开始。

向下运动阶段:开始练习要保持躯干竖直,然后髋部向前弯曲,把杠铃轻轻地放至地面,整个过程是能够控制的;在下降过程中,膝关节应当保持轻度或者中度的弯曲,背部平直或轻度拱起,肘关节完全伸直,降低杠铃直到杠铃片触地。此时,背部无法保持平直状态,膝关节彻底伸直或者脚后跟脱离地面。

向上运动阶段:躯干在髋部后伸,回到起始位置,保持膝部微屈,背部平直。不要靠躯干向后借力或屈肘。

(4)站姿划船

练习目的:锻炼三角肌、斜方肌的上部。

起始姿势:以闭锁式正握抓杠,握距略窄或等于肩宽;垂直站立,两脚与肩同宽,膝部微屈;杠铃静止处于大腿前方,杠端指向两旁,两肘关节完全伸展。

向下运动阶段:让杠杆保持较慢的速度降低回归到起始姿势,保持躯干和膝部的姿势不变。

向上运动阶段:沿腹部与胸部,提铃至下颌,在杠杆向上运动的过程中,肘关节始终朝向两侧,同时维持躯干和膝关节的位置不变,一定要避免发生踮脚尖或者向上摆杠的情况。当杠铃处于最高处时,肘关节和肩部、腕部保持同等的高度或者略微高于后者。

(5)侧向提肩

练习目的:锻炼三角肌。

起始姿势:以闭锁式中间位握住哑铃;双脚和肩部或者髋部保持同等宽度,膝部略微弯曲,垂直站立,双眼目视前方;把哑铃置于大腿两侧,掌心相对,保持肘关节微屈。

向下移动阶段:使哑铃缓慢下降回到起始姿势,保持躯干直立,膝部微屈。

向上移动阶段:向两侧上方将哑铃逐渐举起,肘部和上臂同时向上移动,上身保持直挺,膝关节略微弯曲,双脚平稳站立,一定要避免随意晃动身体,或向上摆动哑铃,将哑铃上举到上臂与地面平行或与肩同高。

(6)站位下拉

练习目的:锻炼肱三头肌。

开始姿势:采用闭锁式正握方式抓握杠铃,抓握距离控制在15~30厘米,两脚开立与肩同宽,膝部微屈以保持垂直站立姿势。接下来,将器械的缆绳直线下拉,确保稳定地抓住杠铃。随后,下拉杠铃至上臂贴近躯干旁侧,弯曲手肘使前臂平行于地面或略高。所有的后续动作都将从这个起始位置开始。

向下移动阶段:在此阶段,需要将横杠继续下拉,直至手肘完全伸展。在整个过程中,务必保持躯干的垂直状态,上臂保持固定,避免用力锁死手肘,以免损伤关节。

向上移动阶段:当完成向下移动后,开始向上移动阶段。在此阶段,需要让手肘慢慢地弯曲,使前臂逐渐回归至开始时的平行于地面或略高的位置。在整个过程中,保持躯干、手臂和膝部的姿势不变。完成一组动作后,将横杠缓慢移回起始位置,准备进行下一组练习。

3. 离心性力量训练

离心性力量是指在退让工作中表现出来的力量。同一肌群的最大离心收缩力量是向心收缩的 1.4~2 倍,平均在 1.5 倍。每块肌肉力量训练的方式具有差异,此处主要探讨较为常见的肌肉离心性力量训练方式。

(1)慢速训练法。慢速训练法是一种较为特别的外部负荷方法。这种方法通过慢速放下或者在离心时期重点刺激的方式进行训练。当加大训练刺激时,拉伸会造成肌肉出现变化,从而强化肌肉的力量、作用。例如,坐姿肩上推举,训练步骤如下。

1)双手紧握哑铃,接着将哑铃举过双肩;上臂位于躯干两侧;用 1 秒的时间将哑铃往上推,直到双臂完全伸直。

2)利用 3~4 秒慢速平稳地将双臂慢慢下放到身体的两侧,在离心阶段重点刺激肌肉。继续使用这个慢速离心训练技术重复练习。

(2)双侧、同侧技术训练法

1)双侧交替技术训练法。学生一般使用常用重量的 40%~50% 进行特定肌肉的练习,随着学生对这一训练方法愈发熟练,可使用任何重量完成训练。例如,一名学生一般可以完成 10RM 的 150 磅 45°蹬腿练习(在 45°蹬腿架器械上),这意味着学生可以完成 10 次 150 磅重复运动。那么在练习双起、单下方法时,学生开始时应使用 40%~50% 的重量进行训练。

学生在练习双侧交替技术时,可以通过双脚施展向心蹬腿动作,之后再通过单腿收回动作。学生能够重复训练双腿向心蹬腿,之后再运用另一侧腿重复练习收回动作。整个过程称为双起、单下双侧交替方法。

在训练过程中,需要让学生在 1 秒完成向心蹬腿动作,并在 3~4 秒的时间内完成单腿收回动作。

2)同侧技术训练法。学生选择重量同第一种训练法(训练动作同上)。在练习双侧交替技术时,学生可以用双脚完成向心蹬腿动作,接着再使用单腿收回动作。学生可以重复练习双腿向心蹬腿,接着使用同侧腿重复收回动作。在达到要求次数后,换成另外一侧腿重复训练,整个过程称为双起、单下同侧交替方法。

在训练过程中,需要让学生 1 秒完成向心蹬腿动作,并在 3～4 秒的时间里完成单腿收回动作。

(3)超负荷训练法。超负荷训练法对应于验证的渐进超负荷理论概念,为了充分发展力量,必须合理地刺激人体自然适应过程,从而使骨骼和肌肉能够有效应对全新的挑战。例如,水平杠铃卧推(动作要点可参考向心力量训练的相关资料),其训练步骤如下:

1)选择学生常用的力量负荷。假设该学生能以 100 千克完成 10 次卧推,但无法完成 11 次。在初始阶段,可以选择学生经常训练重量的105%,即 105 千克。

2)采用慢速离心训练的方法,学生首先以较快的速度(如 1 秒)完成向心动作,将杠铃推起至胸部以上位置,然后缓慢地(如 3～4 秒)完成离心动作,使杠铃降至起始位置。

3)随着学生能力的提升,可以逐渐增加最大负重(如增加到 107%、110% 等,甚至达到 125%)。每次增加负荷量时,都应确保学生能够安全、有效地完成预定次数的动作。

由于超负荷离心训练法需要承受的负荷量较大,学生在训练时必须采取完备的保护措施,特别是在执行向心动作和离心动作阶段,都要确保动作的稳定性和安全性。

4. 快速伸缩复合训练

快速伸缩复合训练指的是在最短的时间范围内让肌肉表现出最大的力量,它是速度与力量的结合体,这种速度力量即爆发力。从动作模式的角度去定义快速伸缩复合训练,即肌肉在快速的伸展后快速收缩这一动作,训练动作模式的意义就是让肌肉和肌腱的弹性能量和牵张反射的能量在接下来的快速收缩中得到释放,提高动作的输出功率。

(1)多边形跳跃

练习目的:提高下肢快速伸缩复合能力与神经肌肉控制能力。

动作要点:正向站立在由栏架摆放的规则图形里,身体保持直立状态;沿着既定路线不断跳进或跳出,身体一直面向一个方向;膝关节略微弯曲缓冲落地。

注意事项:以侧向或者背向的方式进行跳跃时,应当注意保持与把控身体姿势。

(2)药球弹床卷腹

练习目的:发展腹部肌群爆发力、动力传导能力、上肢传导能力、上肢离心收缩能力和神经肌肉的协调能力。

动作要点:双手持药球,仰卧于弹床对面;直臂卷腹爆发用力将药球砸向弹床,克制弹床回弹能力回到屈肘持球姿势,循环进行。卷腹抛球—回弹制动—卷腹抛球阶段转换迅速,形成拉长—缩短循环周期。

注意事项:保持屈膝姿势,臀部、双脚不能离地。

(3)跪姿药球弹床侧抛

练习目的:提高旋转爆发力、动力传导能力、腹外斜肌离心收缩能力和核心区稳定能力。

动作要点:双手持药球,侧跪于弹床;躯干旋转爆发用力将药球砸向弹床;克服弹床回弹能力,回到初始动作,循环进行。旋转—制动—旋转阶段转换迅速,形成拉长—缩短循环周期。

注意事项:保持屈肘姿势,避免上肢使用力气。

(4)高台俯卧撑击掌

练习目的:发展上肢肌群力量。

动作要点:脚搭放于高台上,做出俯卧撑的姿势,在伸肘时迅速投入力量,推起身体,在瞬间击掌后立即重新做回屈肘的姿势,并重复施展之前的动作。

注意事项:初级学生可以不加高台或膝关节着地做俯卧撑速推。

(5)深跳后跳向第二跳箱

练习目的:提高下肢爆发力与神经肌肉控制能力。

动作要点:站立于跳箱上,形成舒展、灵活的站立姿势,两脚分开和肩部保持同等宽度,面对另外一个跳箱,脚尖临近跳箱前端;双臂摆动,两脚跨出箱面,双脚落地;落地之后立即跳上另一跳箱。

注意事项:当跨出箱面时,避免向下走或向上跳,不然便会导致练习高度出现变化,最大限度地缩减接触地面的时间,提升跳箱的高度,能够有效增大强度。

二、体能速度素质训练

力量素质与速度素质是衡量运动员竞技水平的重要标准,也是运动员运动能力的两大组成部分。[①] 速度素质是指人体或人体的某些部位快速运动的能力。在人体与器械整体运动中,速度是指人体—器械整体快速运动的能力。速度能力包括快速移动能力、快速完成动作的能力和快速反应能力,即所谓的移动速度、动作速度和反应速度。

速度素质是个体神经—肌肉支配系统反应的灵活性、反应时、肌肉收缩速度等综合能力的体现。速度素质是指以最短时间通过一定距离的能力,以最短时间完成一定幅度动作的能力,神经冲动以最短时间通过反射弧的能力。

速度是学生的基本素质之一,在他们的体能训练中起着重要的作用。一些运动(例如 100 米短跑)是比学生的速度。虽然有些体育赛事中并不比谁的速度快,但速度也对运动表现有直接影响。

---

① 曹喆涵,DUNCAN F,LORENA T.运动员力量素质与速度素质的相关性[J].中国体育教练员,2023,31(3):11.

(一)速度素质训练的方法类型

1. 重复法

(1)规定最大速度指数的重复训练方法。在移动速度训练中,达到最大速度指数是至关重要的,其中一些运动练习需要强制性地重复,例如,快速重复的轻杠铃推举。学生使用哑铃进行快速重复的跳跃练习时,应确保维持正确的运动技巧,并一次又一次的快速跳跃。此外,还可以进行短距离跑步的重复训练,并使用各种重物进行最后的快速投掷练习。

(2)变化训练程序的重复法。变化训练程序是指在横移速度训练中适当地改变速度和加速度,并以适当的比例与程序相结合。虽然在一定的最大速度下进行训练是提高运动速度的重要因素,但持续重复相同的训练模式可能使学生陷入一种动态的固定模式。因此,在追求最高速度指标或进行重复练习时,训练计划应按照一定的方式进行变化,使学生对练习的速度和节奏感到陌生,以培养更好的移动速度和适应能力。

2. 游戏法

游戏法,是指采用游戏的形式进行速度训练的一种方法。"速度障碍"是由于在速度训练时反复进行某一动作的训练,这种多次重复的训练形成动作的动力定型,使动作的各种指标比较稳定,使之在动作的空间特征和时间特征上,如动作的幅度、方向,动作的速度和频率都相对稳定,形成所谓的"速度障碍"。防止"速度障碍"的形成,要突出速度力量的训练,可采用多种训练手段,如游戏、球类等活动。

3. 比赛训练法

比赛训练法,是指在竞争条件和要求下,营造竞争氛围和环境的开放式训练方式。显然,在使用比赛训练法来训练动作速度时,练习者的心理和情感不同于其他训练方法。大多数修炼者都表现出高度的兴奋。研究表明,使用竞技训练方法会显著增加运动前的人体血糖和乳酸水平。这有助于身体更好地运作。兴奋也会对交感神经系统产生影响,延迟疲劳的发生,这使人体能够成功地以高强度速度进行训练。在比赛训练法中,神经系统处于非常温和的兴奋状态。这有助于发挥交换兴奋和抑制神经过程的能力。

(二)速度素质训练的内容

1. 反应速度

(1)反应速度训练的原理。反应速度作为学生的重要素质,直接影响其在比赛和训练中的表现和竞争力。这一能力涉及个体对各种感觉刺激的快速反应能力,包括听觉、视觉、触觉和动觉等多种感觉模式。反应速度的表现取决于神经传递反射弧的敏捷度,即从感受器接收刺激到肌肉动作完成所需的时间。具体而言,当感觉器官接收到刺激后,感觉神经元将信号传送至中枢神经系统,随后中枢神经系统发出指令,通过运动神经元传递至肌肉,引起肌肉收缩和相应的动作反应。

在运动竞技中,不同项目的学生,反应速度的需求有所不同。例如,短跑学生在起跑阶段的反应速度直接决定了他们蹬离起跑器的时机,通常要求在极短的时间内对发令信号做出迅速而精准的反应。优秀的短跑学生通常能够在 0.15 秒左右做出起跑反应,而在 0.18 ~ 0.20 秒的范围内做出反应被视为优秀水平。在球类项目中,学生的反应速度则更多依赖于视觉和动觉的快速反应。

在训练反应速度时,学生需要充分发挥遗传潜力,通过系统的技术训练和注意力集中训练来提升反应速度。这包括通过模拟比赛场景和专项训练来提高学生对不同感觉刺激的处理速度和准确性,从而在竞技中取得更好的表现。反应速度的训练不仅限于单一的技术层面,还需要学生在心理和生理上的综合优化,以实现整体竞技能力的提升和持续性的运动表现。

(2)反应速度的训练方法

1)听信号起动加速跑。在慢跑中听到信号后突然起动加速跑 10 ~

15米,重复8~10次。

2)小步跑、高抬腿跑,听信号后加速跑。原地小步跑、高抬腿跑,在听到信号后突然加速跑15~20米,重复进行。

3)俯卧撑听信号跑。俯卧撑听信号后突然起跑10~15米,重复进行。

4)听信号转身起跑。背对前进方向,听到信号后迅速转身180°,起动加速跑10~15米,重复进行。

5)听枪声起跑。站立式或蹲踞式,听枪声后起跑20~30米,3~5组3~6次,强度为90%~95%。

6)反复突变练习。练习者须根据各种信号,迅速做出上步、退步、滑步、交叉步、转身、急停等动作。

7)利用电子反应器进行训练。练习者依据不同的信号,用手或脚压电扣,以计算反应时间。

8)两人对拍。两人面向站立,听到信号后迅速用手拍击对方的背部。在规定时间内,拍击次数最多者为胜。

9)反应起跳训练。练习者围圈站立,圈内1~2人站在圆心,手持小树枝或小竹竿。持竿人持竿画圆,当竿经过谁脚下时,需迅速起跳。若被竿打到,则需进圈换人,持竿人可突然改变方向。

10)"猎人"与"野鸭"游戏。若干"猎人"围圈站立,站在画好的圈内。1~2名"猎人"手持皮球击打圈内的"野鸭"("野鸭"数量为"猎人"的1/3)。"野鸭"被击中后需与"猎人"互换角色。

11)找伙伴游戏。练习者绕圈慢跑,听到"三人"或"五人"等口令后,练习者须立即组成规定人数的"伙伴"小组。不符合规定人数的为失败组,失败组需接受俯卧撑、高抬腿等惩罚性练习。

12)追逐游戏。两队相距2米站立,分为单数队和双数队。听到"单数"口令时,单数队跑,双数队追;听到"双数"口令时,则双数队跑,单数队追。在20米内追上对方为胜。

13)起动追拍训练。两人一组,前后距离为 2～3 米慢跑。听到信号后,两人开始加速跑,后者需追上前者并用手拍对方的背部。在 20 米内追上对方为胜。

14)多余的第三者游戏。练习者若干,两人一组前后面向圈内围成一个圆圈,左右间隔约 2 米。两人沿圈外跑动追逐,被追者可跑至某两人前面站立,则这两人的后面第三者需立即逃跑,追者继续追第三者。被追上者为失败,需接受各种身体练习作为惩罚。

2.动作速度

(1)动作速度训练的原理。动作速度是指在单位时间内完成动作的多少。它包括完成整套动作的速度、单个动作的速度和动作速率。在体育运动中,整套动作指的是一次完成的连贯动作,例如,掷标枪的"最后用力"动作。这个动作从投掷臂一侧的脚着地的"转蹬"开始,经过另侧脚着地完成"满弓"形,再到转髋—转肩—鞭打—出手结束,构成一个完整的动作序列。"最后用力"过程的动作速度指的是整套动作的平均速度。实际上,整套动作的速度是加速度,特别是"鞭打"动作,它是一个连贯的动量传递和逐渐加速的过程。

单个动作的速度是指在整套动作中完成某一特定动作或动作环节的速度,例如"鞭打"动作的速度或"出手"的速度。动作速率则是指动作的频率,也就是单位时间内完成动作的次数。

动作速度的大小取决于神经—肌肉系统的调节,肌肉收缩的速度以及相对力量和速度力量的大小。它还取决于肌肉工作的协调性和技术动作的熟练程度。从力学角度来看,动作速度包括动作的平均速度、瞬时速度、加速度以及角速度和角加速度。

在跳远中,起跳速度是平均速度,而腾空初速是瞬时速度,同时也是加速度。平均速度与瞬时速度是相对的概念,瞬时速度是某一特定时刻的平均速度。

在有支撑和无支撑的旋转运动中,动作速度体现为角速度和角加速度。例如,在掷铁饼这一有支撑的旋转运动中,学生在持饼三周旋转过程中,角速度逐周增加,至铁饼出手瞬间,由于旋转运动的突然停止,角加速度变为线加速度,使铁饼沿斜直线飞出。

自由式滑雪空中技巧包含了有支撑和无支撑的旋转运动。尽管规则规定在跳台上的转动会被扣分,但学生空中无支撑转动的动力实际上来源于台面的支撑转动。这首先是由于不对称摆臂引起的转动,其次是通过改变沿身体横轴和纵轴的转动半径,使纵轴转动的角速度增加,从而精确完成空中的多周转体运动。

(2)动作速度的训练方法

1)听口令或节拍器摆臂。两脚前后开立或呈弓箭步,听口令或节拍器快速前后摆臂15～30秒,2～3组。

2)原地快速高抬腿或支撑高抬腿。站立或身体前倾支撑肋木快速高抬腿10～30秒,4～6组。

3)仰卧高抬腿。仰卧快速高抬腿10～30秒,也可以拉橡皮条。

4)悬垂高抬腿。手握单杠悬垂,两腿快速交替做高抬腿动作,20～50次,2～4组。

5)快速小步跑。15～30米,3～5组,最高频率,强调踝关节屈伸当中的连贯性和协调性。

6)左右腿交叉跳。练习者站在一条线上,沿着线两腿向左右两侧方向进行交叉跳。在交叉跳时,大腿需要高抬,快速转动髋部,并逐渐加快动作速度,每组进行20～30米,重复4～6次。

7)上步、交叉步、滑步或旋转投掷轻重量的器械。铅球、铁饼、标枪等投掷运动员在发展专项动作速度时,常采用"最后用力"技术投掷较轻重量的器械。

8)纵跳转体。进行原地纵跳,并在空中完成180°或360°的转体,连续跳

10~20次。

9）跳抓吊绳转体。练习者助跑后跳起，双手抓住吊绳，随后进行后仰收腹举腿的动作，在空中完成180°的转体后跳下，重复10~15次。

10）快速挥臂拍击沙袋。在原地或跳起时，快速挥臂拍击高悬的沙袋，每组进行30次，重复3~5组。

11）踏步长标记高频跑。在跑道上画好步长标记，在行进间听信号踏标记高频快跑15~20米，2~4组×4~6次。

12）跨跳接跑台阶。跨步跳，听信号后快速跑台阶，要求逐个台阶跑，步频最高，如台阶固定可以计时跑，4~6组×6~8次。

13）连续建立跨栏跑。5~6副栏架，栏间距短于标准栏间距1~2米，要求栏间跑加快频率，讲究动作节奏和加速跑，2~4组×4~6次。

14）听节拍器或击掌助跑起跳。短程助跑，听信号加快最后三步助跑和快速放脚起跳，2~4组×8~12次。

15）转身起跳击球。吊球距离地面约3米，练习者原地起跳用手击吊球后在空中完成180°的转体并落地。接着再次转身起跳击球，连续进行5~10次，重复3~5组。

16）快速挥臂击球。在原地或跳起时，挥臂击高吊的排球，连续击打，动作速度要快，并有鞭打动作，每组进行20~30次，重复2~4组。

3. 移动速度

（1）移动速度训练的原理。决定步长的因素包括肢体长度、关节柔韧性和肌肉力量。腿长和关节柔韧性较好的学生在蹬摆动作中能够实现较大的动作幅度。然而，如果缺乏足够的肌肉力量和动作速率，也无法实现较大的移动速度。

决定动作频率的因素涉及神经支配的灵敏度、神经冲动的强度和兴奋性、肌肉收缩速度、肢体交替运动的协调性以及技术动作的熟练程度。

对于移动速度而言，步长与步频的最佳搭配是实现最大速度的有效途径。移动速度包括平均速度、瞬时速度、加速度、角速度、角加速度、初速度和末速度。例如,在 100 米跑中,10 秒的成绩代表平均速度;起跑时蹬离起跑器的时间约为 0.15 秒代表瞬时速度;100 米跑的前 30 米用时 2.58 秒代表加速度;跳远的助跑最后一步的速度是末速度;跳远起跳腾起的速度是初速度。

在一个项目或项目中的某一动作环节,可能同时包括反应速度、动作速度和移动速度,如起跑动作;也可能仅包括动作速度和移动速度,如途中跑。各种速度之间存在相互关联的关系。

(2)移动速度的训练方法

1)小步跑转加速跑。在行进中进行快速小步跑,听到信号后转为加速跑。练习距离为 20～30 米,重复 2～3 组,每组 2～3 次,组间休息 5 分钟。

2)高抬腿跑转加速跑。在行进中进行高频率的高抬腿跑,听到信号后转为加速跑。练习距离为 10～15 米,重复 2～3 组,每组 2～3 次,组间休息 5 分钟。

3)后蹬跑转加速跑。进行快速后蹬跑,听到信号后转为加速跑。练习距离为 20 米+20 米,重复 2～3 组,每组 2～3 次,组间休息 5 分钟。

4)高抬腿车轮跑转加速跑。在行进中进行高抬腿车轮跑,听到信号后转为加速跑。练习距离为 15 米+20 米,重复 2～3 组,每组 2～3 次,组间休息 5～7 分钟。

5)单足跳转加速跑。进行单足跳 10～15 米,听到信号后转为加速跑 20 米,重复 2～3 组,每组 2～3 次,组间休息 5 分钟。

6)交叉步转加速跑。进行交叉步跑 5～10 米,听到信号后转为加速跑 20 米,重复 2～3 组,每组 2～3 次,组间休息 5 分钟。

7)倒退跑转加速跑。进行倒退跑 10 米,听到信号后转为加速跑 20 米,重复 2～3 组,每组 2～3 次,组间休息 5 分钟。

8)加速跑。进行加速跑 60 米、80 米、100 米、120 米,重复 3～5 组,每组

3~5次,组间休息5分钟。

9)变加速跑。从20米加速跑到最高速度后,减速跑10米,再加速跑20米,如此循环,直至完成一定距离,组间休息5分钟。

10)站立式起跑。听到信号或枪声后进行站立式起跑30米,重复3~5组,每组3~5次,组间休息5~8分钟,训练强度约为90%。

11)蹲踞式起跑。听到信号或枪声后进行蹲踞式起跑30米,重复3~5组,每组3~5次,组间休息5~8分钟。

12)行进间跑。加速跑20~30米,到达指定标记后继续行进间跑20~30米,行进间跑的距离可长可短,20~80米,重复2~3组,每组2~3次,组间休息5~8分钟。

13)重复跑。训练强度为90%~100%,距离短于比赛距离的1/3,重复4~6组,每组4~6次,组间休息5~10分钟,例如100米×5组×5次,组间休息10分钟,次间休息5分钟。

14)上坡跑。上坡跑坡度为7°~10°,30米、60米、80米×2~3组×3~5次,组间歇5~8分钟。

15)下坡跑。下坡跑坡度为7°~10°,30米、60米、80米×2~3组×3~5次,组间歇5~8分钟。

16)上、下坡跑。在7°~10°的坡道上往返跑,30米上坡跑,30米下坡跑,重复2~3组。

17)顺风跑。风速3~5级,顺风跑30米、60米、80米×2~3组×2~3次,组间歇5~7分钟。

18)牵引跑。在牵引机的牵引下按照一定的速度跑20~60米,重复2~3组×2~3次,组间歇5~7分钟。

19)让出距离追赶跑。2~3人一组,根据个体的速度水平前后相隔2~5米的距离,听信号后起跑,后者在规定距离内追上前者,重复2~3组×2~3次,组间歇5~7分钟。

20)接力跑。8×50 米、4×100 米、4×200 米、4×400 米接力跑。

三、体能耐力素质训练

耐力是指生物体长时间工作以克服工作时的疲劳的能力。它是学生身体素质的关键指标之一,任何运动都需要恒定的耐力水平。对于一些运动,如中长跑和竞走等田径技术水平和比赛成绩的提高通常取决于耐力水平的提高。

耐力素质指的是人体肌肉在长时间工作或运动中抵抗疲劳的能力。它是反映人体健康水平或体质强弱的重要指标之一,在人体体能素质中扮演着极其重要的角色。在各种体能素质中,不同的素质并非孤立存在,耐力素质可以与力量、速度、柔韧性等其他素质相结合,共同构成机体的综合运动能力,如力量耐力和速度耐力。

(一)耐力素质的类别划分

不同的运动项目对机体体能的要求都不同,而耐力素质作为体能素质中重要的身体素质之一,在各种运动项目中,同样有着自己不同的特征和标准。机体耐力素质可以按照以下标准进行分类:

1.按身体活动划分

(1)身体部位的耐力。身体部位的耐力主要是指机体的某一身体部位在进行长时间运动时,对抗疲劳的能力。例如,机体在对上肢或下肢进行较长时间的反复力量训练,练习部位的肌肉出现酸胀、疼痛的感觉,如果继续训练,该部位就会出现肌肉活动困难的现象,这种对抗肌肉疲劳的能力表现,就是身体部位耐力水平的表现。在体能练习中,这种局部耐力水平的提高取决于一般耐力的发展水平。

(2)全身的耐力。全身的耐力主要是指整个身体机能在运动训练中,机体对抗疲劳的综合能力,可以反映出机体的综合耐力水平。

2. 按运动时间划分

(1)短时间耐力。通常将运动持续时间在 45 秒至 2 分钟的项目所需的耐力称为短时间耐力。完成这类运动项目所需的能量大多是通过机体的无氧代谢过程来提供的,在这些运动过程中,短时间产生较高的氧债。而这类运动的运动成绩受机体力量与速度耐力素质的影响较大。

(2)中等时间耐力。通常将运动持续时间在 2~8 分钟的运动项目所需的耐力称为中等时间耐力。完成这类运动项目的负荷强度一般要比长时间的耐力项目的负荷强度要大。通常机体在运动过程中,氧气不能完全满足机体的运动需要,会在运动过程中产生一定的氧债。造成这种情况主要是因为无氧系统与运动速度成正比的关系。在 1500 米跑的过程中无氧系统的供能几乎可以达到总供能的 50%,而在 3000 米跑的运动过程中无氧系统的供能只能占到总供能的 20% 左右。这就说明了在运动中机体对氧的吸收和利用的能力,可以对机体的运动能力产生直接的影响。

(3)长时间耐力。通常将运动持续时间超过 8 分钟的运动项目所需要的耐力称为长时间耐力。这类运动项目的整个过程都是由氧系统进行供能的,对机体的心血管和呼吸系统进行高度动员。通常在此类运动过程中,学生的心率可达到每分钟 170~180 次,心排血量为每分钟 30~40 升,脉通气量可达到每分钟 120~140 升。

3. 按氧代谢方式划分

(1)有氧耐力。有氧耐力是指机体在氧气供应充足的情况下,能够持续进行长时间运动的能力。它是机体有氧代谢能力的综合体现,包括对氧气的吸收、运输和利用。为了提高输送氧气的能力,必须进行有氧耐力训练,这有助于增强新陈代谢和承受运动负荷的能力。例如,多种球类运动和田径中的马拉松、越野跑、长跑、长距离竞走等项目都需要较高的有氧耐力。

(2)无氧耐力。无氧耐力是指在氧气供应不足时,机体能够持续进行运动的能力。在无氧耐力运动中,由于氧供应不足,机体在无氧条件下代谢,产生氧债,这通常需要在运动后偿还。无氧耐力训练的主要目的是提高机体抵抗氧债的能力。无氧代谢可分为非乳酸和乳酸供能两种形式。

(3)有氧与无氧混合耐力。有氧与无氧混合耐力是一种结合了有氧和无氧代谢的特殊耐力类型。在这类运动中,有氧和无氧代谢同时为运动供能。这类运动的持续时间通常长于无氧运动但短于有氧运动。例如,拳击、摔跤、柔道、跆拳道等对抗性项目,以及田径中的400米、400米栏和800米等项目都需要有氧与无氧混合耐力。

4.按运动项目耐力划分

(1)一般耐力。一般耐力是指机体多肌群、多系统长时间工作的能力。不管运动项目的特点如何,拥有良好的一般耐力,是达到各种训练要求的基础。但是,由于一般耐力是不同形式耐力的综合表现,对不同的运动项目来说,项目特点对它也有不同的要求。因此,在进行一般耐力训练时,应充分考虑一般耐力与专项耐力之间的关系。

(2)专项耐力。专项耐力是指机体为了获取专项成绩,最大限度地动员机能能力,克服专项负荷所产生的对抗疲劳的能力。专项耐力会根据运动项目的不同,而表现出不同的特点。例如,短距离跑、蹬自行车等项目的专项耐力需要有保持较长时间高速度的速度能力;举重、摔跤、拳击、体操等项目的专项耐力需要有力量性的力量耐力和静力性耐力;球类项目的专项耐力需要有在较长时间内保持带有大量极限强度动作(快速移动、进攻、防守、打击)的抗疲劳的能力。通常专项耐力的训练,机体会承载较大的训练量和负荷强度,并且会随着不同训练阶段的变化,而使身体训练、技术训练的负荷总量有规律地增长。在专项耐力的训练过程中,机体还会建立一定的专项耐力储备,促使机体更好地完成专项训练任务。

5.按肌肉工作方式划分

(1)静力性耐力。通常将机体在长时间的静力性肌肉工作中克服疲劳的能力称为静力性耐力,它在射击、射箭、举重的支撑、吊环的十字支撑等项目中都有所体现。

(2)动力性耐力。我们通常将机体在长时间的动力性肌肉工作中克服疲劳的能力称为动力性耐力,它在长跑、滑雪、游泳等运动项目中都有所体现。

(二)耐力素质的训练内容

1.间歇跑训练

方法:练习者采用快跑一段距离后,再慢跑或走一段距离的中途有间歇的跑法。跑的速度、距离与间歇时采用慢跑或走以及练习的次数,应根据练习目的而定。

作用:发展专项耐力水平。

要求:快跑的速度应使脉搏达到每分钟170~180次,中间间歇;慢跑或走时,应使脉搏控制到每分钟120次左右,再重复下一次练习。

2.重复跑训练

方法:固定跑的距离,多次重复,进行该段距离的跑,重复跑时的速度、距离、重复次数等应根据练习目的和练习者的具体情况而定。

作用:发展专项耐力和一般耐力,提高无氧代谢能力水平。

要求:每次练习的间歇时间以心率恢复到每分钟100~120次为限,再进行下一次练习。

3.变速跑训练

方法:变速跑训练是一种按一定距离变换速度的跑法。在跑的过程中,用中等速度跑一段距离后,再以较慢速度跑一段距离。

作用:发展有氧和无氧代谢能力,提高一般耐力和专项耐力水平。

要求:中速跑与慢速跑交替进行相同的距离或中速跑的距离较慢速跑稍短一些,变速的交替次数依练习目的而定。

4.追逐跑训练

方法:在田径场或自然环境中,采用多人相互追逐的跑。追逐时间可选择一定的距离追逐,然后再慢跑或走,反复追逐。追逐跑的距离、速度根据练习的目的而定。

作用:发展速度耐力、无氧与有氧代谢水平。

要求:同伴之间相互保持5~10米的距离,用中等或较快的速度追逐对方,慢跑时应使脉搏不低于每分钟100次左右。

5.越野跑训练

方法:可采用个人或结伴的形式,进行距离较长,强度较小的,在野外自然环境中的跑步,在跑步中应保持正确的跑的姿势,充分利用野外的上坡、下坡,进行跑地练习以发展一般耐力水平。

作用:发展一般耐力水平,提高有氧代谢能力。

要求:越野跑时应穿软底鞋,跑的距离及时间根据个人特点和练习目的确定,跑的过程中脉搏应保持在每分钟150次左右。

6.持续慢跑训练

方法:练习者采用较慢速度持续跑较长的距离,发展有氧耐力。跑的速度、距离、重复次数等应根据练习目的确定。

作用:发展一般耐力,提高有氧供能的能力。

要求:在持续慢跑时,心率应每分钟达到150次左右为宜,以发展练习者的一般耐力。

7.匀速持续跑训练

方法:采用中等速度持续跑较长或一定的距离,在跑的整个过程中,保持一定的速度,用匀速跑完练习规定的距离。

作用:发展专项耐力水平,提高混合代谢能力。

要求:速度达到中等速度,心率保持在每分钟150次左右,以匀速持续跑一定距离。

四、体能柔韧素质训练

柔韧性是指不同关节的运动范围。人体的弹性和肌肉、肌腱、韧带等软组织的弹性。弹性有两层含义：①关节活动范围的大小；②软组织的柔韧性，如肌肉、肌腱和韧带，使关节扩张。关节的运动范围在很大程度上取决于关节本身的装置结构。跨越关节的肌肉、肌腱和韧带等软组织的柔韧性在很大程度上是通过适当地训练实现的。

(一)柔韧素质的训练作用

训练柔韧素质不仅能够提升人体的运动能力，而且也能够降低运动损伤发生的风险。柔韧素质训练的主要目的在于增加运动关节的活动范围。对于学生而言，柔韧素质是一项至关重要的能力，肌肉活动范围的广度直接影响学生的表现和能力发挥。

柔韧素质的提高可以促进学生力量的增长和速度的提升，同时也有利于缩短肌肉训练后的恢复时间，并减少肌肉僵硬感。赛前热身阶段的柔韧素质训练有助于学生在生理和心理方面做好充分的准备；此外，柔韧素质训练能在一定程度上预防肌肉拉伤、韧带损伤以及由过度使用引起的疼痛，同时还可以减轻或缓解肌肉运动后的酸痛、背部疼痛和痉挛等现象。为了预防伤害，学生在提升柔韧性方面的努力是值得的，并且是必要的。无论是在训练前、训练后还是比赛前、比赛后，柔韧素质训练都有助于学生达到高水平的运动表现。其具体作用表现在以下方面。

(1)活动深层肌纤维，减少肌肉紧张感。

(2)刺激关节润滑液的分泌，热身滑囊以及滑液的生成。

(3)提高呼吸频率，增加心率和血流量。

(4)减少运动损伤出现的概率。

(5)提高心理的准备适应性和放松程度。

（6）提高动作学习、练习的效率，提高运动成绩。

（7）缓解肌肉训练后的酸痛，减轻女学生的痛经症状。

（8）与其他类型的训练相结合时，柔韧性练习就是一种很好的热身或放松运动，柔韧练习还可提高神经系统与肌肉组织的协调性。

（9）通过增加动作幅度促进力量和速度的发挥。

（二）柔韧素质的训练方法

1. PNF 法

PNF（Proprioceptive Neuromuscular Facilitation）法即本体感觉神经肌肉促进疗法，是指利用人体本体感受性神经—肌肉互动特性而进行的柔韧素质训练方法。PNF 法通过主动肌和被动肌的交替收缩与放松，利用牵张反射原理抑制肌肉收缩从而达到牵拉的目的。PNF 法实施过程中，被牵拉目标（主动肌）收缩力减小，柔韧性增加。PNF 法还存在一个优势：因为肌肉等长与向心收缩，能够推动力量增长。相较于静力法，PNF 法会使主动肌放松、等长收缩和向心收缩，被动肌放松和向心收缩。

PNF 法对队友或者教练提出了很高的要求：队友或者教练一定要掌握PNF 法的使用方式；为了规避出现运动损伤，应当按照循序渐进的方式开展。通常情况下，PNF 法有三种形式：保持—放松、收缩—放松、缓慢颠倒保持—放松。

PNF 是被动法的特殊形式。在保证安全的前提下，正确的要领非常重要。在 PNF 中，也有"收缩—保持—放松—运动"和"收缩—运动—放松"两种形式。

以股二头肌为例，"收缩—保持—放松—运动"的程序为：在队友或教练对股二头肌施力时，学生大腿后群肌等长收缩，保持 5～10 秒，然后放松10 秒，随后进一步施力，重复上述程序，连续做 3 次。队友在做股二头肌PNF 时，用语言指导学生完成柔韧练习，如在施力时说"收缩对抗"。在牵拉后说"现在开始放松"。"收缩—运动—放松"形式的练习是学生主动收缩股二头肌,在预定的范围内,不断地在牵拉中收缩和放松。

能够进行 PNF 法训练的部位,包括小腿三头肌、踝关节、胸肌、缝匠肌、股二头肌、伸髋肌群、股四头肌和屈髋肌群。

2. 静力法

静力法,作为一种柔韧素质训练方法,强调在肌肉或组织被拉伸至适度位置后保持静止,通过持续的静力牵拉来增强柔韧性。该方法的核心在于通过缓慢、持续的拉伸动作,使肌肉在拉伸状态下保持一段时间,以达到提高柔韧性的训练效果。静力法的实施由学生个体完成,因而也被称为"个体柔韧素质训练法"。

在静力法的执行过程中,关键在于逐渐达到适当的拉伸幅度,并在达到该幅度后静止维持,让肌肉感受到适度的紧张感,但不应有剧烈的疼痛感。通常,每个牵拉姿势保持 15～20 秒或 10～30 秒,每个动作重复 2 遍。每周进行 5～7 次训练,每次尽可能涵盖全身的柔韧性练习,以确保全面性的柔韧性提升。

在静力训练里也表现出一些变化,如在放松的同时拉长肌肉。静力法的优势包括:①不启动牵张反射;②可以有效缓解肌肉训练以后的酸胀疼痛;③受伤的可能性较低;④不会消耗过多的力量;⑤各个项目都能使用,然而错误的、长时间的静力牵张也会造成肌肉损伤。

采用静力法的训练阶段,主要包括:①轻松牵拉,肌肉小幅度牵拉;②逐渐增加强度,或称为"感觉牵拉";③极限牵拉,有较为强烈的疼痛感。具体程序为:在静力训练中,身体始终保持放松,自然呼吸。缓慢进行目标肌的动作,牵拉,逐渐感受到肌肉被牵拉,在此基础上,增加强度保持 10～15 秒,在牵拉过程中避免摆动,若是必要的话,可以继续加大强度,直到出现一定的疼痛感,并渐渐加剧。当疼痛感加剧时,可逐渐降低强度。

3. 动力法

动力法,即动态柔韧素质训练法,是一种通过大幅度摆动进行身体训练的方法,其与传统的静力法相比具有更高的动态活性和专项性。动力法通常作为静力练习的补充,主要用于专项训练和竞赛准备阶段。这种训练方法通过动态强化刺激肌肉和关节,特别适合作为专项热身的重要组成部分。在关节柔韧度的增加方面,动力法与静力法相比并未显示出显著差异,但动力法在执行过程中具有更大的自由度,动作的启动和结束都呈现动态形式。

然而,与其优势相对应的是其存在的较高受伤风险。特别是对于已有旧伤或处于潜在伤害状态的个体,采用动力法进行训练可能会显著增加受伤的风险。这种风险主要源于动作的动态性质,尤其是在尝试超过个体关节活动范围的动作时,受伤可能性明显增加。因此,在应用动力法时,特别需要考虑到学生的健康状况和个体差异,以减少潜在的运动伤害风险。

动力法的训练程序包括摆动动作,每组进行 10 次,共进行 3 组,并逐渐增加摆动的幅度和强度。尽管动力法主要适用于下肢和躯干部位的训练,而上肢的运用较为有限,但其在创造专项运动与比赛准备的活动空间方面具有显著作用。

4. 被动法

被动法,是指由教练或队友对学生进行柔韧素质训练的方法或学生由教练或队友辅助进行柔韧素质训练的方法。相较于个人柔韧素质训练,被动法的优势表现在可以提升关节活动的范畴,超出主动静力牵引的范畴。尽管被动法能够充分挖掘个体的柔韧潜能,然而安全性才是被动法的重点。

在实践的磨合中,教师与学生之间会形成训练默契,逐渐掌握牵拉和持续的尺度,相互之间能够进行练习。这在一定意义上强化了队员之间的交流并形成更加良好的团队氛围。主动牵拉的一方应当掌握着准确的牵拉技术：①牵拉过程应当平缓并且具有可控性；②在被动训练过程中，避免出现丝毫的疼痛感；③在训练过程中应当合理把控时间的尺度，彼此之间维持着流畅的语言交流。

第三节 高校学生终身体育理念的培育及路径

终身体育是指从生命开始至结束的一生中，将学习与参加身体锻炼活动相结合，使体育真正成为人一生中不可或缺的内容；以体育的体系化、整体化为目标，在不同时期、不同生活领域中提供参加活动的机会的实践过程。所谓终身体育就是体育锻炼和体育教育贯穿于人的一生。从人的生命周期来说，可以把"终生体育"定义为，人的一生中受到的体育教育和培养的总和。终身体育作为一种完整的、现代的体育思想，其教育对象涵盖所有的人群，贯穿于人的一生，因此无论从社会发展还是从个体发展来说都是需要的。①

终身体育按人成长的顺序和接受教育环境的不同分为三个阶段：学前体育、学校体育和社会体育。学前体育主要是儿童在家庭影响和家长帮助下进行的一些简单活动，教育的任务是保育和培育；学校体育是学校和体育教师对学生进行全面、系统、有目的的教育，其目的是全面发展学生的身体素质；社会体育主要是由社会、单位或家庭组织的体育活动及个人的体育活动行为，其目的是运用科学的锻炼方法强身健体。

---

① 赵亮.构建终身体育教育体系的研究[J].体育与科学,2012,33(5):117.

一、高校体育和终身体育的内在联系

(一)高校体育是终身体育的组成部分

学生的数量在人口总量上占相当大的比例,我国学生数占全国人口总数的四分之一。在人的一生中,学生阶段将近占三分之一时间。可以说人人都有学生阶段。抓住了学校体育就相当于抓住了全民体育的理论确有根据,抓住了学校体育也就相当于抓住了终身体育的重要阶段。大学是学校教育的重要阶段,也是终身体育的重要阶段,而且大学体育又与社会体育紧密衔接,具有终身体育承上启下的教育作用,不仅关系到学生的在校阶段体育,同时直接影响到学生毕业后走上社会工作岗位的后半生体育。

处在大学阶段的学生年龄一般在 18～22 岁,在这个年龄段的学生无论是在生理还是在心理上都趋于成人化,在认识问题和分析问题上都更加深刻,情绪更加稳定,这个时期是培养学生终身体育意识的最佳时期。另外,在大学阶段,学生身体各个生理系统都成人化,肌肉力量都有长足的发展,各个学生的身体器官功能都处于最佳时期,这个时期更加有利于掌握运动技能和提高身体素质,从而为实践终身体育提供有效保证。

(二)高校体育是终身体育理念的基础

高校体育在终身体育中扮演着关键角色,既是学生综合体育素养的起点,也是培养学生终身体育意识和能力的重要平台。通过高校体育的课程设置、课外活动和竞赛安排,学生能够系统地接受体育教育,掌握体育知识、技能以及科学的锻炼方法。这不仅有助于学生在紧张的学习生活中获得身心放松和调解,还能在体育活动中充分享受活力青春。

高校体育教学的核心在于融合知识与技能的传授。不论是传统的球类运动、操类活动还是舞蹈类课程,教师们都通过系统讲解和实际示范,帮助学生深入理解体育运动的基础知识,并提升其运动技能。同时,高校体育教学注重效率与科学的协调,制定合理的运动负荷和训练计划,确保学生在科学规范的指导下达到最佳学习效果。

高校体育教学通过"三自主"模式,即学生自主选择学习内容、教师和学习时间,激发学生的学习兴趣和参与热情。这种自主选择不仅促进了学生的积极投入,也有助于他们迅速掌握运动技能,取得良好的运动表现。长期来看,这种积极的学习体验为学生建立起深刻的体育体验,增强了他们对运动的认同感和自我效能感,为养成终身体育的意识和习惯打下了坚实的基础。

因此,高校体育教学在终身体育教育中的重要性不可低估,它不仅为学生提供了获取体育知识和技能的机会,更是塑造学生健康生活方式和积极运动态度的重要渠道。通过综合性的体育教学体系,高校为学生的全面发展和终身体育的实践打下了坚实基础。

(三)终身体育是高校体育的价值延伸

在高等教育深化改革的背景下,高校体育的角色和价值显现出多元化和立体化的趋势。高校体育不仅仅是学生身体素质的培养场所,更是塑造学生品格、增进全面发展的重要平台。在当前教育价值回归的大环境下,高校体育在帮助学生获得持续成长的知识与能力方面扮演着关键角色。

从学生发展的角度看,高校体育具有引导性和约束性。作为必修课程的一部分,高校体育教学长周期、高学分的特性使得学生在校期间不可避免地接受体育锻炼的教导和要求。尽管学生在校期间可能因为诸多原因参与体育活动,但其所获得的体育素养和意识对于其未来的终身体育习惯养成起到了重要的启蒙作用。然而,一旦学生毕业离校,面对来自职业发展、家庭生活等多方面的压力,能够持续保持良好运动习惯的学生却并不多见。在这一背景下,终身体育理念的提出显得尤为重要。终身体育理念强调了体育锻炼对个体身心健康的重要性,不仅激发了个体内在的健康需求,还促使人们在社会高速发展的环境中认识运动、参与运动、养成规律运动习惯的重要性。

终身体育理念的引入使得高校体育教学不再局限于校园内部,而是引导学生将体育所获得的知识、技能和健康理念延伸应用于日常生活和未来发展之中。这种理念的深入推广不仅增强了个体对健康的关注和体育活动的参与度,也为高校体育教学的作用与价值在社会中的广泛认可奠定了坚实基础。

(四)高校体育与终身体育共促个体发展

从价值角度来看,高校体育与终身体育理念在服务个体长远发展方面有着高度一致性。高校体育教学作为学校体育教育体系的重要组成部分,不仅延续了中小学体育教育的成就,更是对学生体育素养和知识内化的进一步深化和提升。在此过程中,高校体育教学通过系统化的课程安排和科学的教学方法,为学生提供了全面发展的机会,并帮助他们建立起对体育锻炼的基本认识与技能。

相比之下,终身体育理念强调个体整个生命过程中持续学习和参与体育锻炼的重要性。这一理念不仅关注学生阶段的体育教育,更将体育锻炼视作个体在不同生活阶段和领域中持续参与的重要实践。终身体育理念的广泛接受和实践,使得个体能够在社会生活中更容易地理解和接纳体育活动,从而在个体生命的各个阶段都能够享受到体育锻炼的益处。

从先后顺序来看,高校体育教学作为学校体育教育的末端环节,其实践路径远滞后于终身体育理念对个体整个生命周期的体育锻炼要求。然而,终身体育理念在实际应用中被更为广泛地推广和接受,因其更贴近个体在不同生活阶段的实际需求和社会角色转换的背景。因此,终身体育理念更多倾向于成为高校体育教学的延伸与发展方向,以确保个体在其生活的各个阶段都能够持续在体育锻炼中受益。

二、高校体育与终身体育融合的有效途径

(一)更新体育教育理念,树立终身体育意识

(1)需要加强体育教师的终身体育教育理念培训,提升他们对终身体育重要性的认识。教师作为体育教育的重要传播者,其理念的更新和深化对学生的影响尤为明显。通过专门的培训课程,教师可以深入了解终身体育的概念、内涵及其在学生全生命周期中的价值,从而更有针对性地引导学生。

(2)通过体育课程设置及校园文化活动,广泛宣传终身体育的理念和价值。在课程设置方面,可以通过开设相关选修课程或专题讲座,向学生介绍如何在日常生活中持续参与体育活动,并引导学生形成终身体育的观念和习惯。校园文化活动则是通过举办各类体育竞赛、座谈会等活动,深化学生对终身体育理念的认知,激发他们的参与热情。

(3)引导学生树立正确的体育价值观,注重培养学生参与体育活动的兴趣和习惯。这包括在课堂上强调体育精神的重要性,如团队合作、坚持不懈等以及在学生日常生活中注重体育锻炼的必要性,从而促使他们在毕业后能够继续保持健康的体育生活方式。

(二)改革体育课程内容,满足学生多样化需求

传统的体育课程往往缺乏针对学生个体差异的考量,这在促进学生的终身体育习惯养成上存在一定的不足。因此,改革体育课程内容,设计多样化的体育项目,成为提升学生参与度和体育兴趣的有效途径。

(1)根据学生的兴趣、需求和身体条件,设计个性化的体育课程内容。这可以通过分层次的课程设置,例如,基础课程、专项训练课程等,来满足不同学生群体的需要。同时,引入新兴体育项目,如攀岩、瑜伽等,丰富体育课程体系,使之更具吸引力和实用性。

（2）加强体育课程与校园文化、社会实践等领域的融合，提高学生的综合素质。体育课程不仅仅应该注重体能的培养，更应通过组织体育文化节、实地考察等方式，引导学生将体育精神与社会实践相结合，从而提升其综合素质及社会责任感。

（三）创新体育教学方法，提高教学效果

为了更好地激发学生的学习兴趣和主动性，创新体育教学方法显得尤为重要。传统的指令式教学已逐渐不能满足当代学生的需求，因此需要采用启发式、探究式等更为开放的教学方式。

（1）启发式教学方法通过提出问题、引导学生进行讨论和实践，激发他们的思维活跃性，从而增强学习的深度和广度。而探究式教学则强调学生的自主性学习，通过实践、案例分析等方式，让学生在实践中体验和掌握知识，从而提高其学习的积极性和效果。

（2）利用现代信息技术手段，如多媒体教学、网络教学等，丰富教学手段和资源。多媒体教学可以通过生动的图像和声音，使抽象的体育理论更加具体和生动；网络教学则可以突破时间和空间的限制，为学生提供随时随地的学习资源和交流平台，极大地拓展了体育教学的边界和深度。

（3）加强师生互动和生生互动，营造积极的学习氛围。在体育教学过程中，教师不仅仅是知识的传授者，更是学生学习和进步的引导者，通过个性化的辅导和反馈，帮助学生克服难题，进而提升其学习的动力和效果。同时，鼓励学生之间的合作学习和良性竞争，通过小组活动、竞赛等形式，激发学生的团队合作精神和竞争意识，使学习过程更加丰富和有趣。

（四）完善体育设施条件，提高资源利用率

体育设施的完善直接关系到高校体育教学和学生体育活动的质量和效果。因此，加大对体育设施的投入，改善体育场地、器材等硬件条件，是实现高校体育与终身体育融合的重要保障。

（1）加大对体育场地的建设投入，确保学校拥有足够且质量优良的运动场地和设施。这包括多功能体育馆、足球场、篮球场等，以满足学生在体育课程和课余时间的各种运动需求。

（2）提升体育器材的质量和数量，确保学生在进行体育活动时能够安全、有效地使用设备。投入现代化的器材和设备，不仅提升了体育教学的实效性，也为学生的身体素质提升提供了有力支持。

（3）加强体育设施的管理和维护工作同样至关重要。定期维护体育场地和器材，确保其安全性和可持续使用性，不仅保障了学生的安全，也延长了设施的使用寿命，更有效地利用了学校的投入资源。

（五）加强体育文化建设，营造浓厚的体育氛围

体育文化的建设不仅仅是体育活动的举办，更是通过广泛深入的体育文化活动，营造出学校浓厚的体育氛围，从而促进学生终身体育观念的树立和发展。

（1）学校可以开展丰富多彩的体育文化活动，如体育节、运动会、体育知识竞赛等。这些活动不仅增强了学生的身体素质和竞技能力，更重要的是通过竞赛和表演，激发学生对体育的兴趣和参与热情，进而增强他们终身参与体育活动的意识和习惯。

（2）加强校园体育组织建设，如体育社团、运动队等。通过组织体育社团，鼓励学生自发组织和参与各类体育活动，如健身训练、团体运动等，不仅增强了学生的团队合作精神和领导能力，也提升了他们的社交能力和身体素质。

（3）加强体育精神宣传，弘扬体育精神，培养学生的集体荣誉感和社会责任感。通过宣传体育精神的核心价值，如团结协作、拼搏进取等，激励学生积极参与体育活动，并在体育竞赛中展现出色的个人和团体成绩，从而增强学生对体育事业的认同感和归属感。

(六)建立跟踪指导机制,促进学生体育习惯养成

终身体育习惯的养成是高校体育教育的最终目标之一。为了实现这一目标,建立科学有效的终身体育跟踪指导机制至关重要,通过记录、分析和个性化指导,促进学生在毕业后依然能够坚持健康的体育生活方式。

(1)建立学生体育档案,详细记录学生的体育参与情况和身体素质变化。体育档案不仅包括学生在课堂上和课外的体育活动参与情况,还应包括其身体素质测试数据、运动习惯的形成及变化等信息,为后续的跟踪指导提供数据支持和依据。

(2)对学生进行体育兴趣和习惯的调查分析,制定个性化的体育指导方案。通过定期的问卷调查或面谈,了解学生的体育兴趣、喜好以及可能存在的体育活动障碍,从而有针对性地制定个性化的体育锻炼计划和指导建议,帮助学生养成长期参与体育活动的习惯。

(3)通过校园网站、社交媒体等现代信息技术手段,为学生提供体育信息和指导服务。校园网站可以发布体育活动的最新信息和参与指南,社交媒体则可以通过分享健身经验、推荐运动项目等方式,建立学生之间的体育交流平台,促进学生之间的互动和信息共享,进而增强学生对体育活动的参与度和持久性。

参考文献

[1]畅宏民.我国高校体育拓展训练的教学体系构建与模式创新研究[M].沈阳:东北大学出版社,2018.

[2]戴信言.高校体育教学多种模式的探索[M].北京:中国原子能出版社,2016.

[3]段长波.高校体育理论与实践创新[M].长春:吉林出版集团股份有限公司,2020.

[4]吉丽娜,李磊.高校体育教学与训练理论实践探究[M].北京:地质出版社,2017.

[5]李利华,邢海军,谢佳.体育教学思维创新与运动实践研究[M].南昌:江西高校出版社,2019.

[6]刘晓媛.高校体育教学模式创新性研究[M].长春:吉林人民出版社,2019.

[7]马洪涛.体育教学管理与思维创新[M].长春:吉林文史出版社,2020.

[8]任婷婷.高校体育教学管理改革与模式构建[M].长春:吉林大学出版社,2017.

[9]孙继孝.高校体育俱乐部教学模式的运用[M].长春:吉林文史出版社,2017.

[10]郭庆.体育运动中的体能训练分析[M].北京:北京工业大学出版社,2019.

[11]唐进松,陈芳芳,薛良磊.现代体育运动训练理论与方法探索[M].北京:中国商务出版社,2019.

[12]马思远.我国业余体育竞赛体系构建研究[J].北京体育大学学报,2021,44(10):22.

[13] 杨飞,王华. 多元智能理论在我国体育教学评价体系改革中的作用[J].
山西青年,2017(22):50.

[14] 李健,刘英杰,蔡传明. 体育课堂教学技能理论与方法[M]. 厦门:厦门
大学出版社,2018.

[15] 王金稳,曾黎. 体育教师职业技能训练[M]. 成都:西南交通大学出版
社,2016.

[16] 朱莉莉. 力量素质训练理论研究[J]. 济源职业技术学院学报,2007,6
(1):75.

[17] 赵亮. 构建终身体育教育体系的研究[J]. 体育与科学,2012,33
(5):117.

[18] 吴梦娇. 现代训练发展趋势及体能训练方法手段概述[J]. 文体用品与
科技,2022(15):151-153.

[19] 薛双园. 现代体能训练发展趋势和应对措施[J]. 文体用品与科技,2021
(11):70-71.

[20] 闫琪. 为运动专项设计合理的体能测试方案[J]. 中国体育教练员,
2022,30(4):7.

[21] 晏阳天. 我国现代体能训练的现状、问题与发展路径[J]. 文体用品与科
技,2021(11):39-40.

[22] 袁飞. 竞技体育体能训练策略探赜[J]. 当代体育科技,2024,14(3):14.

[23] 霍军. 体育教学方法实施及创新研究[J]. 北京体育大学学报,2013,36
(1):84-90.

[24] 姜书. 体育竞赛网络解说的现状初探[J]. 今传媒,2017,25(9):68-69.

[25] 蒋红文. 学校体育竞赛活动育人价值及实现路径探究[J]. 青少年体
育,2020(1):35-36.

[26] 黎文普. 我国学校体育运动竞赛活动与管理研究[J]. 长沙大学学报,
2015,29(2):135-138.

[27] 张玉鑫,吴琼,杨闯建. 清单管理视角下政府供给体育公共服务的权责

边界研究[J].当代体育科技,2023(4):99-102.

[28]潘辰鸥,樊炳有.体育公共服务供给复杂性及治理需求[J].武术研究,2020(9):144-148.

[29]赵法伟,王科.城市社区体育公共服务供给问题分析[J].体育世界(学术版),2019(4):56,52.

[30]张文祥,杨林,陈力双.网络信息内容规制的平台权责边界[J].新闻记者,2023(6):57-69.

[31]刘宝矫.多主体参与村级公共服务供给模式研究[D].南宁:广西大学,2022.

[32]蔡晓菲.我国体育公共服务供给制度及实践路径选择探讨[J].山东农业工程学院学报,2019(2):76-77.

[33]缪剑.初中体育教学目标及教学内容科学设计探究[J].读写算,2020(33):149.

[34]王甲寅.体育单元教学中的形成性评价[J].小学教学参考,2013(21):81.

[35]李健,崔成,肖兰,等.体育教学中"异质分组"学习方式的案例分析[J].体育教学,2020(12):39.

[36]苏霞.大学体育课堂教学和训练优化策略分析[J].魅力中国,2020(32):159.

[37]楼文亮.高中体育"学,练,赛,评"课堂教学模式建构[J].中学课程辅导(教师通讯),2021(17):28.

[38]彭玲琳.职业院校"学练赛评"一体化教学模式的构建与实践[J].当代体育科技,2023,13(34):60-63,67.